DISCIPLE
DEVELOPMENT
COACHING

Christian Formation for the 21st Century

©2016

ISBN 978-1-938514-99-9

Published in the United States by Nurturing Faith Inc., Macon GA,

www.nurturingfaith.net

Library of Congress Cataloging–in–Publication Data is available.

제자양육
코칭

DDC

DISCIPLE
DEVELOPMENT
COACHING

21세기 선교적 교회를 위한
제자들의 공동체 세우기

마크 티즈워스
어셀 해리슨 지음 | 박사무엘 옮김

역자의 글

미국 땅에서 목회상담학에 심취한지 어언 15년 이상 지나갔다. 상담학을 공부하면서 자신을 깊이 들여다 보고, 가족관계의 심연을 파고들며, 인간관계의 역동과 그에 따른 심리적 −사회적 영향들을 깨달으면서 이 모든 것들이 어떻게 하나님의 형상대로 지음을 받은 우리들의 영적, 신앙적 생활에 영향을 미치는지 맛보게 된 것은 큰 축복이다.

학문적 연구와 상담적 실제, 그리고 가르치는 현장에서 목회상담을 재조명하면서 교회 환경에 맞는 새로운 접근법을 찾아왔다. 멘토링, 영적 지도, 그리고 코칭 등 유사하면서도 새로운 접근법으로 인간의 성장과 성숙을 돕는 많은 다양한 시도들이 이루어지고 있는 것에 대해 기쁘게 생각한다.

제자양육코칭은 현존하는 다양한 인간성장을 돕는 기술들 중 교회 문맥에 맞는 매우 유용한 접근법이다. 이 책이 뛰어난 점은 현재 인간성장을 돕는 접근으로 각광을 받고 있는 코칭기술을 통해 21세기에 도전받고 있는 현대 교회의 문제점에 대한 대안을 제시하고 있다는 점이다. 그 대안은 교회의 급속한 성장을 지향하는 현시대의 인기영합적 접근이 아니라 성경이 제시하는 제자를 양육하는 근본적인 방법을 통한 해결책이다.

이 책에서 제시하는 21세기형 기독인 양성의 방법은 코칭을 통한 제자 양육이다. 기존의 제자양육과 다른 점은 양육하는 리더가 매뉴얼에 따라 양육받는 제자를 일방적, 하향적으로 훈련시키는 방식을 탈피한다는 것이다. 제자양육코칭은 기존의 정형화된 가르칠 내용에 대한 전달에 초점을 맞추기 보다, 성경을 통해 말씀하시는 하나님께서 제자의 삶 속에 무엇을 말씀하시는지 들으려는 코치와 제자와의 의도적 관계 안에 일하시는 성령님의 사역에 초점을 맞춘다. 코치는 단지 제자 안에 주신 하나님의 은사와 성령님의 내밀한 역사를 발견해 가도록 옆에서 돕는 조력자일 뿐이다.

현시대는 말씀을 듣지 못한 기갈이 아니라 들은 말씀을 자신의 삶 속에 적용하지 못하여 일어나는 목마름을 겪고 있는 많은 신자들이 제자의 삶을 살아가지 못하고 있다. 다시 말해 예배, (방송)설교, 성경공부, QT, 제자훈련 등 다양한 통로들을 통해 이미 그들 안에 말씀하신 하나님의 음성을 "들을 귀가 있어" 듣고 좋은 땅에 뿌린 씨와 같이 말씀을 실천하는 제자들이 필요한 때이다. 이런 의미에서 코칭은 믿는 자들로 하여금 귀를 열어 자신에게 말씀하시는 하나님의 음성을 듣도록 돕는 유용한 도구가 될 것이다.

더 나아가, 이 책이 제안하는 제자양육코칭은 제자 개인의 영적 유익을 위한 영적 지도의 차원을 넘어, 교회가 현대 사회에서 선교적 사역을 할 수 있도록 돕는 교회적 유익을 제공해 준다. 이 책이 지향하는 것은 신자들이 제자양육코칭을 통해 깨어나고 교회의 선교적 사명을 감당할 수 있도록 돕는 것이다.

센트럴신학대학원에서 저자 중의 하나인 해리슨 교수와 함께 선교적 사역을 위한 코칭 수업을 담당하게 되면서 이 책을 번역하게 되었다. 이 책은 센트럴 한국부에서 번역 출판하는 한국교회와 목회자들을 위한 책들 중의 하나이다. 이 책이 출판되기 까지 수고를 아끼지 않은 김보경 간사와 장동훈 목사, 그리고 함께한 스텝들에게 감사를 전한다.

2016년 5월 캔사스 샤니 본교 교정에서
박사무엘

한국어 번역판 서문

한 문화 속에 깊이 자리잡혀 있어서 그 문화의 영향력을 벗어날 수 없는 도구와 훈련들이 있다. 우리는 제자양육코칭에 대한 관심이 일어나 문화를 초월하여 번역되어 감사하다. 제자양육코칭의 원리들과 실천들은 그리스도인 제자들이 "자신의 구원을 성취"해가는 동안 의도적으로 그들과 함께 걸어가는 것에 중점을 두고 있다. 우리는 이 책이 한국어로 번역되어 기독교 가계도의 또 다른 가지에 보다 가까이 다가가는 것을 보게 되어 기쁘다.

이 책의 공동저자이자 제자양육코칭을 센트럴신학대학원의 박사과정에서 소개한 어셀 해리슨 박사에게 특별히 고마움을 전한다. 이 책의 번역, 출간 작업에 협력해 준 한국부 디렉터 박사무엘 박사에게 특별한 감사를 전한다. 이 책의 한국어판 발행을 도와주는 출판사 Nurturing Faith의 렉스 호튼에게도 고마움을 전한다.

이 기독교 운동은 하나님의 세상 모두를 위한 것이다. 때때로, 이러한 프로젝트를 하면서 우리는 그리스도 예수 안에서 경험하는 화합으로 인해 문화간 교류를 누리는 기회를 가진다. 우리는 한국인 독자들이 우리가 제자로서 섬기는 단 한 분, 그리스도를 좇아가는 동안 이 제자양육코칭 책이 그들의 여정에 축복이 되기를 소망한다.

마크 티즈워스(Mark Tidsworth)
피너클 리더십 협회 회장

제자양육코칭이 최초의 청중을 넘어서서 더 많은 독자들에게 도움이 될 수 있어서 기쁘기 그지없다. 하나님 나라의 사역에 쓰임 받을 그리스도인 리더들을 준비시키는 작업을 함께 하면서, 나는 우리가 늘 열린 마음으로 서로의 은사와 자원을 나눌 수 있기를 기도한다.

이 책의 한역 출간에 중추 역할을 한 센트럴신학대학원의 박사무엘 교수에게 고마움을 전한다. 비전과 후원을 아끼지 않은 몰리 마샬(Molly Marshall) 총장과 로버트 존슨(Robert Johnson) 학장에게도 감사를 표한다.

어셀 해리슨(Ircel Harrison)
피너클 리더십 협회, 코칭 담당자
센트럴신학대학원 목회학박사과정 임시디렉터

머리글

만약 당신이 교회적 차원에서 기독교 교육이나 제자훈련 프로그램을 바꾸기 위한 "단순하면서도 효율적인 프로그램(program in a box)"을 찾고 있다면, 이 중요한 책 속에 들어 있는 원리들을 읽고 적용하면서 당신이 기존에 가지고 있던 가정들을 다시 생각해 볼 필요가 있을 것이다. 20세기의 사고방식으로는 이 책의 저자들이 의도하는 활동을 깊이 이해하기 어렵기 때문이다. 교회는 우리가 살아가고 있는 21세기 세상의 특성에 맞추어 변화해야 한다는 긴급한 요청에 직면하고 있다. 이러한 이유 때문에라도 이 책은 꼭 읽어야 한다.

저자들은 성경적으로나 영적으로 명료한 통찰력을 가지고 논의를 전개하고 있다. 또한 각 장은 교회 발전에 관한 다른 저자들의 글과 생각을 통해 최근의 동향을 제시한다. 따라서 이 책을 읽는 것으로 독자들은 리더십, 교회 문화, 변화, 그리고 21세기 하나님의 교회의 보편적인 상태에 대한 최신 정보들을 얻을 수 있을 것이다.

다방면에서, 우리는 교회가 세상에서 그 입지를 잃어가는 것에 대해 한탄하는 소리를 듣는다. 제자양육코칭(Disciple Development Coaching, DDC)은 모든 그리스도인들이 이 세상에서 각자의 설 자리를 찾도록 능력을 부여하는 잠재력을 가진 고도의 관계중심적인 활동이다. 또한 이 책은 교회의 선교에 대한 책임을 모든 제자들의 손과 마음과 정신 안에 둔다.

저자들은 각 장을 일관되고 논리적인 방식으로 전개하면서 주제를 풀어나간다. 이 책은 "실용 서적"이다. 독자는 텍스트 안에 자신을 이입하고 훈련 교본처럼 실습을 통해 익혀야 한다. 그렇지만, 이 책이 하나의 방식이나 프로그램은 아니다. 전반적 토대는 관계적이고 자연적이다. 혹자는 왜 우리가 이것을 오래전에 알아내지 못했는지 의아해할 것이다.

코치와 제자의 관계는 경청과 능력부여에 강조점을 두는 대화를 통해 이루어지는 활동으로서, 그 제자가 자신의 기독교적 범주 안에서 이미 얻을 수 있는 능력을 계발하도록 힘을 부여해주는 것에 역점을 둔다. 코치와 제자는 자연스럽게 서로의 경험들을 공유하면서 질문하고, 경청하며, 탐구하고, 설계하고, 헌신하고, 지원한다. 시작이나 끝은 없다. 이것은 의도적으로 오랜 삶의 기간을 함께 하는 관계적인 과정이기 때문이다.

저자들은 첫 장에서 다음과 같이 말한다. "제자양육코칭이란 제자들에게 능력을 부여하고, 변화(change), 성장(growth), 전환(transformation)을 강조하는 사고와 관계의 새로운 방식이다." 이 책은 어떻게 이러한 일이 믿음의 전통들의 테두리를 넘어 일어날 수 있는지를 성공적으로 정의하고, 서술하며, 윤곽을 그리고 있다. 이것은 하나님의 교회를 위한 약속을 붙잡는 운동이다. 읽고 나서 그냥 다시 책장에 꽂아둘 것이 아니라, 읽고 행동해야 하는 책이다.

진저 바필드(Ginger Barfield)
남부루터신학교(Lutheran Theological Southern Seminary) 부학장

추 천 사

"예수님은 우리들(제자들)에게 '가서 제자를 삼으라'고 말씀하셨다. 기독교 교육 목사로서, 나는 내가 이런 저런 수업들을 제공함으로써 그 일을 하고 있다고 생각했다. 대부분 유익한 수업들이지만, 나는 지식 이상의 어떤 것을 결실하고 있는지 궁금했다.

어느 기독교 신앙의 전통에서나 우리는 "제자 삼는 것"을 정통 신앙을 따르고 전통을 계승하는 것과 동일시해 왔다. 지식이 변화를 일으킬 수 있다는 것은 사실이지만, 내적으로나 외적으로 어떤 노력에 대한 목표가 없다면 실제로 그 지식을 삶에 적용할 수 없다. 제자양육코칭은 제자가 스스로 정한 목표에 근거하여 성경적 지식을 적용하며 살아갈 수 있게 도와준다.

제자양육코칭은 또 하나의 과목이 아니다. 그것은 신학이나 교리, 혹은 교회 조직을 가르치는 것이 아니다. 그것은 신앙의 여정에서 제자들이 코치를 받는 과정이다. 그것은 그리스도를 따르는 제자가 다른 사람을 돕는 일대일 참여로서, 다른 사람이 그리스도의 제자가 되기 위해 자기가 하기 원하고 되기 원하는 것을 성취할 능력을 그 안에서부터 끌어내도록 돕는다.

나는 21세기 기독교 교육, 이른바 "제자 삼기"의 새로운 패러다임이 제자양육코칭을 통해 시작될 것이라고 믿는다."

— 토미 딜(Tommy Deal)
Pinnacle Leadership Associates, 협동침례교회, 재해대책 조정자

"마크 티즈워스와 어셀 해리슨은 교회에게 이 시대를 위한 도구를 안겨주었다. 서

서히 다양한 곳에서, 교회는 하나님의 선교가 사람의 포부가 아니라 하나님의 꿈에 초점이 맞추어져 있다는 사실에 눈을 뜨고 있다. 그 꿈은 확실히 우리가 이해할 수 있는 경지를 넘어선다. 성경은 하나님의 계획을 하나님의 통치(나라)라고 말하면서 우리의 이해를 돕는다. 즉, 모든 창조세계의 구원, 그리고 하나님과 하나님의 방식을 중심으로 한 삶의 재조정이다. 그리스도의 제자들이 하나님의 구속 계획을 재촉할 수는 없지만, 많은 이들이 하나님과 예수님을 중심으로 자신의 삶을 재조정하려고 노력하고 있다. 이런 노력은 개인주의와 자율을 찬양하는 문화 – 개성이란 구애받지 않는 선택으로 여겨지고, 자유란 선택과 욕망에 따라 자아를 추구하는 것으로 여기는 문화 – 속에서는 허드렛일로 여겨진다.

에베소의 신앙공동체도 유사한 어려움을 겪어야만 했다. 에베소 교인들에게 보낸 바울의 편지는 하나님과 그리스도께서 그들에게 주신 은사들을 열거하고 있다. 그리고, 이러한 은사들의 목적을 다음과 같이 정의한다. '이는 성도를 온전하게 하며, 봉사의 일을 하게 하며, 그리스도의 몸을 세우려 하심이라. 우리가 다 하나님의 아들을 믿는 것과 아는 일에 하나가 되어 온전한 사람을 이루어 그리스도의 장성한 분량이 충만한 데까지 이르리니'(엡4:12-13). 이어서 우리는 '옛 사람을 벗어 버리고 오직 너희의 심령이 새롭게 되어, 하나님을 따라 의와 진리의 거룩함으로 지으심을 받은 새 사람을 입으라'(22-24)는 말씀을 듣는다. 물론, 그리스도는 오직 한 분이다. 그리고, 우리들은 모두 다 그리스도와 같이 되라는 부르심을 받는다.

소그룹들과 일부 교회들은 신실한 제자로 성장하는 일에 착수하여 그것을 이루기 위한 방법들을 추구하고 있다. 제자양육코칭은 자신의 삶에 대한 하나님의 계획을 진지하게 받아들이는 사람들을 위한 지침이다. 자신 안에 있는 장점들과 성장 활동들을 찾게 도와주는 코칭 전략에 근거하여, 제자양육코칭은 하나님께서 그의 자녀들을 위해 의도하신 성장으로 나아가도록 제자들을 초청하는 동료 코치들의 훈련을 도표화한다. 완전하고, 알찬 실행을 기반으로 하는 이 책은 프로그램에 입각한 성장 강좌들의 '일곱 단계 신드롬'을 기피한다. 대신, 교회와 개인의 삶에서의 성령의 역사를 인정하고, 성령의 역사에 대해 개인 및 조직들을 개방하려고 하는 사람들을 위한 기술을 전해준다.

제자양육코칭은 21세기의 교회에게, 그리고 점점 더 그리스도를 닮아가는 진정한 자아로 성장하기 위하여 하나님의 부르심을 신실하게 받아들이는 제자들에게 시기 적절한 선물이다. 해리슨과 티즈워스에 의해 약술된 이 훈련은 하나님의 사명과 창조 계획에 보다 가까이 다가가려는 코치들과 코칭을 받는 사람들, 그리고 교회들을 위한 부르심이자 도구이다. 이것은 기다린 보람이 있고, 하나님의 통치를 위해 활용될 가치가 있는 선물이다."

– 앨런 아놀드(Alan Arnold)

행정노회, 삼위일체노회, 렉싱톤, 사우스 캐롤라이나

"당신은 당신의 삶에서 믿음에 관한 당신의 사고 방식을 변화시킨 사람을 기억하는가? 비판없이 들어주고, 격려하고, 당신이 조금 더 깊이 생각할 수 있도록 적절한 질문을 다정스럽게 건네던 사람을?

교회를 배경으로 제자도를 키우는 것, 이것이 내가 제자양육코칭을 경험해온 방식이다. 그것은 다른 사람들을 예수 안의 신앙 여정에서 성장하는 제자들로 삼아서 동행하기 위한, 매우 자연스러우면서도 의도적이며 집중적인 방법이다. 이것은 당신의 교회에서 행해지고 있는 여타의 많은 활동들이나 개인 일상의 "해야 할 일" 목록에 추가되는 하나의 새로운 프로그램이 아니다. 이것은 그리스도의 몸으로서 행하는 우리의 여정에서 다른 사람들을 제자로 삼는다는 것, 그것의 의미에 대한 우리의 이해를 자연스러우면서 의도적으로 변화시킬 수 있는 과정이다.

그것은 매우 단순하게 들리지만, 어셀 해리슨과 마크 티즈워스가 정리한 내용들은 내가 수년 간 사역을 하면서 보아 온 것처럼 명료하게, 신학적인 바탕 위에서, 자연스럽게 초점을 맞추며 쓰여졌다."

– 마르타 빔(Martha Beahm)

형제교회, 목회자, 결혼과 가족치료사

"그리 오래되지 않은 과거에, 한 남자가 단순한 방정식을 들고 나와서 물리학의 세계를 바꾸어 놓았다. 아인슈타인의 $E = MC^2$는 표면적으로는 단순한 방정식이다. 그 단순성의 표면 아래 물리학의 세계를 바꾼 천재성이 숨어 있다. 바로 이 아인슈타인이 마크 티즈워스와 어셀 해리슨에 의해 그들이 설명하는 개념인 제자양육코칭의 맥락에서 인용되고 있다. '같은 일을 계속 반복하면서 다른 결과를 기대하는 것은 어리석은 짓이다.'

제자양육코칭이 표면적으로는 단순하지만 안을 들여다보면, 같은 일을 계속 반복하면서 왜 그리스도의 진리가 21세기 세상에서 계속 허우적대고 있는지를 의아해 하는 현재의 어리석음을 극복하기 위한 도구를 교회에 제시하는 비범함이 들어 있다. 선교적 교회가 21세기를 위한 제자들의 공동체를 설명하는 것이라면, 제자양육코칭은 선교적 교회에 필요한 도구나 사고 방식을 보여준다.

티즈워스와 해리슨은 독자들에게 근본과 기본들, 그리고 제자양육코칭의 적용 방식들을 분명하고 간결하게 소개하고 있다. 이 책은 성령이 준 선물이며, 그리스도께서 그의 제자들에게 '너희가 서로 사랑하면 이로써 모든 사람이 너희가 내 제자인 줄 알리라'(요한복음13:35)라고 말씀하셨을 때 의도하신 교회가 되기 위한 시작이다."

– R.T. 바이른(R.T. Byrne)
성바울루터교회, 목사, 사우스 캐롤라이나

"코칭과 제자도에 관한 책들을 여러 권 읽어본 후 내가 이 책에 대하여 가장 높이 평가하는 점은, 문화가 급속하게 변해가는 지금의 탈근대, 탈기독교적 상황에 제자도 코칭이 왜 적합하고 어떻게 적용될 수 있는지를 명료하게 설명하고 있다는 점이다. 쉽게 읽을 수 있는 형식으로, 저자들은 명료한 도구들과 통찰력 있는 질문들, 그리고 어떻게 해서 코칭 과정이 교회 지도자들의 제자도 성장을 깊게 하며 교회의 선교를 강화하는지에 대한 유익한 설명들을 제시한다. 교인 감소에 대처하는 프로그램이나 빠른 해결책을 제시하는 것이 아니라, 오히려 사람들로 하여금 하나님의 부르심에 대한 보다 깊은 믿음을 발견하고 그 믿음대로 살아나가도록 도와주기 위한 관계적인 접근법이다."

– 허만 R. 유스(Herman R. Yoos)
사우스 캐롤라이나 대회, 주교, 미국복음루터교회

"제자양육코칭은 교육하며 영감을 주는 뛰어난 책들 가운데 하나이다. 제자양육코칭에 들어 있는 지혜는 오래된 것이지만, 그 과정이 신선하고 혁신적이다. 이것은 목회적 돌봄에 관한 책은 아니지만, 돌보며 목회적으로 '동행하는' 접근법이다. 이것은 영적 지도(spiritual direction)에 관한 책은 아니지만, 영적인 양육을 위한 방법을 제시하고 있다.

만약 당신이 회의 참석을 멈추고 섬김을 시작하고자 한다면, 이 책은 당신을 위한 것이다. 만약 당신이 등록교인 증가에 중점을 두는 교회에서 제자들의 양육에 중점을 두는 교회로 바꾸어 나갈 준비가 되어 있다면, 이 책은 당신을 위한 것이다. 만약 당신이 목적을 지향하는 사역에서 성령의 이끄심에 반응하는 사역으로 변화하기를 바란다면, 이 책은 당신을 위한 것이다. 만약 복음이 더이상 '가르쳐지는' 대상이 아니라 '그것에 사로잡히는' 대상이 되고 그로 인해 하나님의 제자들이 동화가 아니라 통합을 향해 나아가기를 열망한다면, 그리고 제자를 양육하거나 하나님의 부르심에 반응하는 제자가 되는 것에 당신의 마음이 이끌린다면, 이 책은 당신을 위한 것이다."

– 캐서린 그레이엄(Katheryn Graham)
캔사스시티 지역 부교역자, 제자회

"가장 최신의, 가장 뛰어난 프로그램들과 신식 교회의 유행은 일반적으로 제도적인 사역의 변화를 제안하는 반면, 제자양육코칭은 개인의 변화에 초점을 맞추면서 그러한 현실들을 다루어 나간다. 단계별 방식으로 사용하기 쉽게 쓰여진 이 책은, 코치들이 의도적으로, 솜씨있게 다른 사람들을 인도하여 그들이 가진 영적 은사들을 세상에 마음껏 풀어놓을 수 있게 도와주는데 필요한 지식과 도구들을 제시한다. 제자양육코칭을 통해 당신 교회의 교인들은 창조와 부르심의 목적에 부합하는 제자들이 될 수 있고, 그로 통해 당신의 교회는 하나님이 의도하시는 모습이 되어간다."

– 스티븐 밈스(Stephen Mims)
썸머메모리얼루터란교회, 목사, 뉴베리, 사우스 캐롤라이나

"만약 당신이 올해 새로운 모험을 하려 한다면, 제자양육코칭이야말로 변화를 가져오는, 그야말로 설레이는 여행이 될 것이다. 진정성이 있고 실제적이며, 즉각적인 도움을 주고, 결정적으로 사용하기가 쉽다. 마크와 어셀이 자료와 도구들을 굉장히 집약적으로 제시하였기 때문에, 독자들은 그것이 가진 가능성들에 대해 매료될 뿐 아니라 행동으로 실행할 준비를 갖추게 된다. 그야말로 뛰어난 자료이다!

– 미키 콜리 게이(Mikki Corley Gay)
생명의 숨 루터란교회, 교회개척가, 블리스우드, 사우스 캐롤라이나

"여기에 믿음과 리더십을 지닌 두 명의 타고난 실행가들이 제시하는 새롭게 떠오르고 있는 제자양육코칭에 대한 유용한 지혜가 있다. 마크와 어셀은 사람들을 보다 깊은 믿음과 변혁적인 삶으로 이끄는 길에 대한 최전방의 경험을 가지고 마크와 어셀은 자신들이 발견한 것들을 우리와 나눈다. 독서용으로 뿐만 아니라 실질적인 활용을 위해서도 이 책을 추천한다."

– 수잔 레오나드–레이(Susan Leonard–Ray)
앤더슨 구역 감독, 연합감리교회, 사우스 캐롤라이나

목차

프롤로그

"이것들이 우리 그리스도의 제자들이 항상 나누고 싶어하는 대화들
이다. 이 일은 정말로 우리가 해야 하는 것이다."

제자양육코칭 워크숍이 끝나갈 무렵, 한 목회자가 벌떡 일어나더
니 위와 같이 말했다. 그것은 바로 어떤 사람이 직관적으로 진실을 깨닫
거나 통찰을 얻는 순간이었고, 그 순간 그 사람은 오로지 그것에만 집중
하게 된다. 훈련 내내 우리는 그 목회자를 위해 바퀴들이 돌아가고 있는
것을 보았다. 그는 질문을 던지고 배움에 몰두하면서, 기독교 영성훈련의
한 형태로 제자들을 코칭하는 것에 대한 자신의 생각들을 정리하려고 애
쓰는 중이었다. 불이 켜지는 순간, 그것은 번개처럼 찰나에 일어났다. 통
찰의 순간에 그는 저도 모르게 벌떡 일어선 것이었다. "맞아요, 이것이 바
로 우리들 기독 교회에서 늘 하고 싶었던 것입니다. 서로의 소명, 꿈, 도
전에 대한 이야기들을 나누며 실질적인 대화에 참여하는 것 말이지요."

우리 자신들의 신앙과 삶을 탐구하기 위한 상황을 제공하는 믿음으로 연결된 관계를 우리는 늘 열망해왔다. 영적 삶의 다음 단계로 성장해 나가는 데 도움이 될 지원, 격려, 그리고 책임이 필요했다. 그리고 바로 이 목회자는 그것을 만들어가고 있었다. 제자양육코칭은 이러한 형태의 관계와 대화를 촉진하는 도구이다. 이것은 서로를 도와서 모두 보다 충만하게 성장하여 예수 그리스도 중심의 삶을 지향하는 사람들이 될 수 있는 기회이다. 이 목회자는 자신의 사역을 통해 늘 하고자 했지만 이루어지지 않았던 일, 즉 의도적으로 제자를 양육하는 일을 실행할 수 있게 해줄 양식, 구조, 그리고 활동들을 제자양육코칭에서 찾게 된 것이었다.

2008년, 나(마크)는 한 주류 교단의 교회를 위한 평신도 리더십 수련회 강사로 초대되었다. 리더십 팀의 삼 분의 일 정도가 매년 교대로 사역하였고, 그래서 연초에 갖는 수련회는 안건을 책정하고, 영감을 얻고, 사역을 시작하기 위한 것이었다.

나는 한동안 그 교회 목사님을 코칭했었고 그가 어떤 지도자인지를 잘 알고 있었기 때문에, 이곳에 초대되어 기뻤다. 그분은 이 교회의 개척 목사님이었고, 개척 후 12년간 교회는 여러 단계의 발전을 거치며 성장하고 있었다. 이제 그 목사님과 평신도 지도자들은 과거의 방식으로는 교회를 운영할 수 없다는 것을 알았다. 교회의 규모가 커졌기 때문에, 더 이상 목사님 혼자 제자를 양육할 수 없었다. 평신도들도 더 이상 리더가 아닌 관리자로 일을 하기가 어려웠고, 또 교회의 모든 리더십 양육을 목사님에게만 의존할 수도 없었다.

이 목사님에게 코칭이 큰 도움이 되었기 때문에, 우리는 이러한 개념 안에서 평신도 리더들을 실험적으로 훈련해보기로 결정했다. 만일 평신도 리더들이 코칭의 원리들을 배우고 적용할 수 있다면, 이 교회에서의 제자양육이 점차 확대될 수 있었다.

수련회를 준비하면서 나는 코치 훈련과 실습을 통해 얻은 많은 원리들을 발표 자료로 만들었다. 매우 유익한 날이 될 것이라는 기대와 함께, 배움과 영감, 성장에 대한 절반의 기대도 있었다. 수련회 중반쯤, 목사님과 나는 휴식시간을 이용하여 의견을 나누었다. "잘 되어가고 있나요?" 우리는 서로 물었고, 양쪽의 대답은 "좋지 않다"였다. 재빨리 우리는 수련회의 방향을 조정하고서 새로운 의제로 다시 시작했다.

이후에 우리는 어찌 된 일인지에 대한 보고를 들었다. 전문 코칭(professional coaching)의 원리들은 교회에서 사용하기에 꽤 전망이 좋았다. 하지만, 전문코치들을 위해 설계된 코칭 훈련들은 교회에 곧바로 적용되어 생명력을 가질 수가 없다. 교회의 목표들은 비슷하면서도 다르다. 교회의 상황들은 독특하다. 전문코치들은 일정을 정해서 만나고, 비용을 청구하고, 전문적인 양식을 사용하며, 책임 보험을 가지고 있다. 교회에서의 삶은 매우 다르다.

예상하듯이, 위의 첫 번째 이야기와 두 번째 이야기 사이에 우리는 먼 길을 걸어왔다. 코칭에 대한 우리의 현재 접근 방법은 여러 차례 성공과 실패를 되풀이한 후에 얻은 결과물이며, 사역자와 교회 직원과 평신도들을 통해 배운 많은 경험의 소산물이다. 이렇게 중요한 실생활에서의 경험과 실험과 조정을 통해서, 우리는 우리의 코칭 절차를 발견하고 다듬어 나갔다.

운동의 이름은 어떻게 정해지는 것일까? 아마도 그 운동 내부에서 이름이 나오게 하는 것이 가장 좋은 방법일 것이다. "제자양육코칭"이라는 이름은 그렇게 생겨난 것이다. 앉아서 골똘히 생각한 것도 아니고, 여러 이름들 중에서 하나씩 추려나가며 정한 것도 아니다. 대신, 이 이름이 우리를 찾아내었다. 그럼, 이제 제자양육코칭 운동의 필수 요소들을 이해하기 위해서, 이 이름을 분석해 보자.

제자 (Disciple)

말씀, 행위, 실천에 있어서 그리스도의 본을 따름

제자는 다른 사람에게 매료되어 그 사람처럼 되고 싶어 한다. 그 사람의 가르침을 배우고 싶어 할 뿐만 아니라 그 가르침과 일치하는 삶을 살고자 한다. 제자는 배우는 자나 숭배하는 자 이상의 의미를 가진다. 제자는 그 사람을 좇아서 자신도 모범이 되는 삶을 살기를 원한다. 그리스도인 제자는 예수 그리스도 중심으로 산다. 이들은 그리스도의 삶을 내면화하기를 원해서 예수 그리스도와 같은 특징들, 행동들, 태도들이 내면으로부터 나온다. 학생, 배우는 자, 따르는 자, 이 모두가 좋은 단어들이지만 제자도의 포괄적인 성격을 나타내기에는 부족하다.

계발 (Development)

자라고, 변화하고, 전환하고, 목표를 향해 앞으로 나아감

어떤 발달은 의도하지 않아도 일어난다. 아이들이 육체적으로 자라는 것은 의도하지 않은 과정이다. 물론 좋은 영양, 충분한 휴식, 활기찬 운동, 그리고 안전한 환경은 신체 성장에 도움을 주지만, 그러한 성장 과정은 그 자체로 생명을 갖는다. 제자의 성장은 그와 다르다. 비록 때로는 우리가 자발적으로 자라기도 하지만, 의도성이 관여한다. 하나님이 우리에게 하나님 자신을 강요하지는 않으시지만, 그리스도의 성육신을 통해 나타난 것처럼, 하나님은 우리와의 관계를 원하신다. 제자로 자라가기 위해, 그리스도를 따르는 자들은 반드시 성장을 원하고 추구해야 한다. 이것이 영적 여정에 우리가 기여해야 할 몫이다.

코칭 (Coaching)

의도적 대화들을 통해 다른 이들의 성장을 촉진함

우리가 처음에는 성직자와 교회 직원들을 위해 코칭 과정을 사용했지만, 곧 영적 여정에 있는 하나님의 사람들 모두의 성장을 위해 유용하다는 것을 깨달았다. 마음에 최종 목표를 정하고 시작하는 것이 건강한 실천이라고 말하는, 스티븐 코비의 『성공하는 사람들의 일곱 가지 습관』 (Seven Habits of Highly Effective People)의 원리에 의지하여, 우리는 "이 코칭 대화를 통해서 당신이 얻은 것은 무엇인가?"라는 최종 질문에 초점을 맞추어 나갔다.

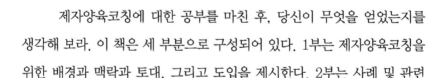

제자양육코칭에 대한 공부를 마친 후, 당신이 무엇을 얻었는지를 생각해 보라. 이 책은 세 부분으로 구성되어 있다. 1부는 제자양육코칭을 위한 배경과 맥락과 토대, 그리고 도입을 제시한다. 2부는 사례 및 관련

제자양육코칭: 21세기 선교적 교회를 위한 제자들의 공동체 세우기

실습들과 함께, 제자양육코칭 모델을 설명한다. 마지막 3부는, 교회 생활에 제자양육코칭을 적용하는 것에 초점을 맞추고 있다.

우리는 하나님의 영이 여전히 하나님의 사람들 안에서 활동하고 있음을 믿는다. 이 제자양육코칭 과정이 신앙의 여정에서 이루어지고 있는 성령의 활동에 대하여 당신과 당신의 교회가 좀 더 활짝 마음을 열 수 있게 도와주기를 기도한다.

.

제 1 부

기초 쌓기

브라이언 맥클라렌(Brian McLaren)의 책, 『우리 자신을 찾는 이야기』(The Story We Find Ourselves In)는 포스트모던한 사람들을 위한 사역을 재조명하는 어느 목회자의 여정을 이야기한다. 맥클라렌의 주인공은 자신이 살고 있는 시대와 장소를 먼저 이해해야 효과적인 사역이 가능하다는 생각을 가지고 여정을 시작한다.

우리들 자신이 속해 있는 이야기는 이미 주어진 사실이다. 역사의 다른 시기를 섬길 수 있기를 바라거나 기도할지는 모르지만, 하나님께서 우리에게 주신 시대는 바로 지금이다. 우리가 살고 있는 이 세상을 묘사하다 보면 다음과 같은 몇 가지 뚜렷한 특징들이 보인다.

- *세상은 빠르게 변화하고 있다.* 변화의 속도는 인류 역사상 다른 어느 세대보다 훨씬 빠르다. 게다가 우리가 만나는 변화는 불연속적인 변화이다. 과거의 일들이 반드시 미래에 일어날 일에 대한 단서가 되지는 않는다.

- *조직에 대한 불신이 커지고 있다.* 기업의 부정, 재정적 실패, 그리고 정부의 비효율성은 많은 사람들로 하여금 더 이상 우리 사회 기존의 기관들을 신뢰하지 못하게 만든다. 이러한 불신은 회원수와 헌신의 감소를 겪고 있는 비영리 단체와 서비스 기관들로 이어지고 있다. 중년 연령 이하의 사람들은 전문 기관, 서비스 기관, 그리고 친선 단체에 소속되는 것에 관심이 별로 없다.

- *의미없는 활동들을 용납하지 않는다.* 사람들은 더 이상 목적도 없고 결과물도 명확하지 않은 집단에 자신의 시간을 투자하지 않으려 한다. 그들은 관료주의, 그리고 어떤 목적을 달성하기 위해 "많은 소모적인 것을 하는 것(jumping through the hoops)"에 싫증을 낸다.

- *경제가 불안정하다.* 사람들은 경기 후퇴와 실업으로 스트레스를 받고 있다. 내일이라도 당장 정원이 감축될 수 있기 때문에, 고용주에게 별다른 충성심을 갖지 않는다. 조직이 점점 수평적 구조로 바뀌면서 많은 중간 관리자들이 일자리를 잃고, 남겨진 자들도 더 적게 받으며 더 많은 일을 하도록 요구당하고 있다.

- *영적인 민감성과 굶주림이 증가하고 있다.* 전통의 버팀목들이 붕괴되면서, 사람들은 사실적이고, 지속적이고, 진실되며, 의미 있는 것에 대해 의문을 제기하고 있다. 종종 그들은 비전통적인 방식으로 답을 찾으려 한다.

- *변화를 일으키려는 열망이 강하다.* 많은 문화적 기반들, 기관들, 전통들이 더 이상 안전하지 않기 때문에, 삶이 일시적이고 한시적이라는 것이 분명해 보인다. 이러한 상황은 사람들로 하여금 삶이란 과연 무엇인지를 평가하게 만든

다. 사람들은 자신의 삶이 의미 있어지고 다른 사람들에게 유익함을 줄 수 있기를 원한다.

• *디지털 양극화가 증가하고 있다.* 인종적, 경제적 장벽과 더불어 컴퓨터, 디지털 기기들, 인터넷에 대한 접근성에 따라 사람들은 "가진 자들"과 "못 가진 자들"로 나뉘고 있다.

• *교회는 계속 전진하고 있다.* 2000년이 넘도록 도전적인 상황들이 이어지고 있음에도 불구하고, 우리는 교회가 예수 그리스도로 온전해질 때까지 그 여정을 계속할 것이라 믿는다. 하지만 북미의 현 상황에서, 교회 조직이 어려움을 겪고 있다는 표시가 나타나고 있다. 교회가 적응을 위해 노력하고 있지만, 이러한 노력들이 변화의 정도를 따라잡지 못하고 있다.

• *매주 예배 참여자들의 수가 감소하고 있다.* 대략 미국 인구의 20%가 주말 예배에 참여하는 것으로 추정되며, 이 숫자는 현실보다는 기대치가 반영된 것일 수 있다.

• *자신을 어떠한 신앙공동체와도 동일시하지 않는 미국인들의 수가 증가하고 있다.* 이러한 사람들이 미국에서 가장 큰 교단들을 추종하는 사람들의 수를 곧 능가할지도 모른다. 사람들은 더 "영적"이고 덜 "종교적"이다.[1]

---

1 "Trends among Christians in the U.S." http://www.religioustolerance.org/chr_tren.htm

- *일반 사람들은 더 이상 성직자나 교인들을 높이 평가하지 않는다.* 교회가 문화의 주변으로 밀려남에 따라 교회 리더들에 대한 사회의 평가도 낮아지고 있다. 일부 성직자들과 관련된 추문과 재정적인 무절제가 이러한 비호감을 낳는다.

이 모든 것들이 기독교회에게 의미하는 바는 무엇일까?

- *우리의 사명을 명확히 해야 한다.* 하나님의 사람이 된다는 것의 의미를 회복해야 한다. 우리의 유일한 사명은 하나님의 사명이다. 우리는 어렵고 힘든 시대에도 하나님의 일을 하도록 부름받았다.

- *설득력 있는 이야기를 가져야 한다.* 그리스도인의 이야기가 다수 중 하나가 되는 시대에, 우리는 성경의 이야기를 명확하게 전달해야 할 뿐 아니라 우리 자신의 이야기들이 그것과 어떻게 연관되는지도 분명하게 말할 수 있어야 한다.

- *제자를 양성하는 방법들, 그리고 그들을 의미있는 봉사 및 사역에 참여시킬 방법들을 찾아야 한다.* 그리스도인 제자들은 그리스도의 사명에 자신의 은사를 바쳐 세상에 변화를 일으킬 수 있는 방법들을 갈망한다.

독창적 접근

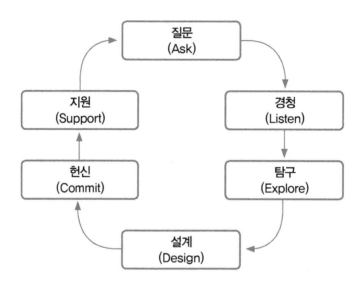

나(어셀)는 내 사역 기간의 대부분을 대학생들이나 그들의 리더들과 함께 일하며 보냈다. 성인으로 전환하는 시기의 젊은이들과 일하는 것은 도전과 함께 기회를 가져다주었다. 캠퍼스 사역을 하면서, 나는 매주마다 학생 리더들과 개별적으로 만나는 것을 습관화 했다. 의예과 학생이었던 데일과 나눈 대화는 나에게 큰 통찰력을 주었다.

데일의 영적 성장에 대해 이야기를 나누고 있었는데, 그가 나에게 "목사님의 영적 생활은 어떤가요?"라고 물었다. 솔직히 말하지만, 나의 첫 반응은 "이보게, 여기서 영적인 리더는 나라네"였다. 하지만 나는 대답하기 전에 잠시 멈추고, 그리스도인 제자로 성장하면서 내가 겪는 어려움이나 나 자신의 영적인 실천들에 대해 데일에게 들려주었다. 그날 나

제자양육코칭: 21세기 선교적 교회를 위한 제자들의 공동체 세우기

는, 나 자신을 포함한 우리들 각자가 그리스도의 제자로 성장할 수 있는 기회들을 가지고 있다는 것을 다시금 떠올렸다.

우리에게 제자양육이 중요하다면, 이것을 어떻게 행하여야 하나? 21세기 교회에 주어진 도전들을 다루는 중대한 하나의 방법은 신자들을 크리스천 제자들로 양육하기 위해 더 효과적인 방법들을 찾는 것이다. 잘 훈련된 제자들은 자신의 삶 속에서도 성장해 나갈 뿐 아니라 세상에서 하나님을 위한 사명을 수행할 것이다. 우리는 코칭이 신자들로 하여금 제자로 성장하도록 도와줄 수 있는 방법이라고 믿는다.

수년 동안 개인 코칭은 사람을 키우고 리더십를 계발하는 효과적인 수단으로 인식되어 왔다. 코칭은 삶의 목적과 가치관, 성장하기 원하는 분야를 명확하게 정립할 수 있도록 도와주고, 그 후에는 끝까지 노력하여 그 사람의 성장 목표들을 달성하도록 이끌어준다. 코칭은 사람들과 조직을 보다 효과적으로 이끌 수 있도록 리더를 도와줄 수 있다. 우리는 또한 제자양육에 있어서 코칭의 가치를 인식하게 되었다.

교회에서 제자양육은 새로운 것이 아니다. 예수님의 시대 이후부터 교회는 제자로 성장하고 있는 신자들을 양육하기 위해 여러 방법들을 사용해왔다. 초기 교부들의 가르침, 로마가톨릭 교회와 개신교 종교개혁자들의 교리문답들, 요한 웨슬리의 훈련들, 그리고 네비게이토들의 자료들이 추구했던 것은 모두 사람들이 하나님과 더욱 친밀하게 동행하도록 이끌어주는 것이었다. 제자양육코칭은 이러한 전통적 접근들을 대체하는 것이 아니라, 개인적 제자양육을 새로운 방향에서 생각해보는 것이다. 목표는 같지만, 과정은 매우 다르다.

이러한 방법들은 신자들의 제사장직 — 모든 사람이 하나님 앞에서 자신의 영적이고 개인적인 성장에 책임이 있다 — 을 심각하게 받아들이고, 교회라고 불리는 믿음의 공동체에 속하는 것의 중요성을 진지하게 다룬다. 어떤 경우든지, 성령이 제자의 성장에 핵심적인 역할을 한다. 그리스도인의 믿음은 그리스도인의 실천으로 이어지고 — 교리의 정당함이 행위의 정당함으로 이어짐 — 후자는 전자를 강화한다는 것을 모두가 공감한다.

그런데, 전통적인 방식들과 제자양육코칭 사이에는 차이점들이 존재한다. 전통적인 제자도의 과정들은 대개 매우 구조적이고 순차적이다. 그 과정을 이끄는 사람은 선생이거나 멘토이고, "제자"는 "제자 생산자 (disciple maker)"에 의해 단계적으로 안내를 받는다. 제자양육코칭 과정에서 신자는 코치의 도움으로 자신의 체계를 찾아서 발전시킨다. 제자는 자신에게 필요한 것이 무엇인지를 분별하고, 그러한 필요를 채우기 위해 계획을 수립한다. 코치의 역할은 명료함과 책임감을 제시하는 것이다. 이러한 과정은 코치를 받는 사람이 어느 정도 영적인 성숙함을 갖추고 있음을 전제로 한다. 여기에서 코치는 제자가 제자도의 길을 추구하며 나아갈 때 필요한 하나의 자원으로서 제자를 섬기는 것이다.

이 책에서 독자들은 제자양육코칭이 어떻게 지역 교회에서 개인이나 리더십 양육을 위한 도구로 사용될 수 있는지를 배울 것이다. 그리고 회중의 삶 속에서 이러한 과정을 실행하는 방법들도 소개받을 것이다.

그리스도인의 제자도에서 성장은 수용과 책임성의 풍토에서 생겨난다. 제자양육코칭 과정은 당신이 성도로 자라며 타인들의 성장에 도움을 줄 수 있는 사람이 되도록 도와줄 것이다. 우리의 주된 목적은 "오직 우리 주 곧 구주 예수 그리스도의 은혜와 그를 아는 지식에서 자라는 것이다"(벧후 3:18a).

제자양육코칭은 당신 교회의 혁신적 변화를 약속하는 하나의 새로운 프로그램이 아니며, 커리큘럼을 중심으로 이루어지는 교육 프로그램도 아니고, 제자들을 교회의 자원봉사자 직분에 세우기 위한 방법도 아니다. 이것은 일대일로 혹은 그룹 안에서 설교하거나 가르치는 것도 아니며, 사역지의 맥락에서 벗어난 채 별개로 배우는 이론적인 접근 방법도 아니다.

오히려, 제자양육코칭은 제자들에게 능력을 부여하고, 변화와 성장과 변혁에 초점을 맞추는 사고와 관계의 방식이다. 이것은 우리의 신앙을 근본으로 하여, 관계를 세우는 것에 중점을 둔 사역의 상황에서 제자들과 계속 이어나가는 대화이다. 이것이 각 제자 안에서 하나님의 구원 및 회복 사역에 협력하는 길이다.

제자양육코칭은 기독교 교회들이 이미 하고 싶어 하는 일, 즉 하나님과 함께 제자를 양육하는 그 일을 하기 위한 흥미로운 방법이다.

성경적 근거와 신학

하나님은 태초부터 지금까지 계속 사람들을 인도하고, 구속하고, 변화시키는 일을 해왔다. 우리는 하나님의 활동들과 그에 대한 사람들의 반응을 성경에서 본다. 제자양육코칭은 하나님께서 신자들 개개인과 어떻게 일하시는지에 대한 성경의 가르침에 기반을 두고 있다. 다음의 개념들은 철저하지는 않더라도, 이러한 제자양육의 과정을 뒷받침해 준다.

● 각자의 독특성

사람은 제각각 독특하다. 하나님은 우리들 각자를 특별한 은사와 소명을 지닌 사람으로 창조하셨다. 시편 기자는 이렇게 말한다.

"내가 주께 감사하옴은 나를 지으심이 심히 기묘하심이라. 주께서
하시는 일이 기이함을 내 영혼이 잘 아나이다" (시139:14).

누구나 다 하나님께 소중한 존재이고, 자신만의 방식으로 하나님을 섬길 수 있는 잠재성을 가지고 있다. 그것을 위해서 우리는 하나님이 우리에게 주신 소명을 성취할 수 있게 "지어져" 있다. 독자들에게 이 점을 상기시키는 바울의 성경 구절은 이것이다. "우리에게 주신 은혜대로 받은 은사가 각각 다르다"(롬 12:6a). 하나님은 우리들이 그런 은사들을 사용하여 하나님과 가까워지고 타인들을 섬기기를 바라신다.

다른 사람들을 코칭할 때, 우리는 그들이 우리와 같지 않다는 것을 안다. 하나님은 그들에게 우리와는 다른 능력들을 선물로 주셨다. 제자양육코칭에서 코치의 역할은 그들이 하나님이 주신 은사들을 발견하고 사용할 수 있도록 도와주는 것이다. 그럼으로써 각 사람은 자신이 부여받은 독특함과 소명대로 살아갈 기회를 갖게 된다.

● 소명

우리가 저마다 독특한 은사를 받는 것처럼, 저마다 독특하게 부름을 받는다. 사무엘이 하나님을 섬기는 소년이었을 때, 그는 하나님의 음성을 들었지만 그것이 무엇인지를 깨닫지 못했다.

"여호와께서 세 번째 사무엘을 부르시는지라. 그가 일어나 엘리에

게로 가서 이르되, 당신이 나를 부르셨기로 내가 여기 있나이다 하니, 엘리가 여호와께서 이 아이를 부르신 줄을 깨닫고 이르되 가서 누웠다가 그가 너를 부르시거든 네가 말하기를 여호와여 말씀하옵소서 주의 종이 듣겠나이다 하라 하니 이에 사무엘이 가서 자기 처소에 누우니라. 여호와께서 임하여 서서 전과 같이 사무엘아 사무엘아 부르시는지라. 사무엘이 이르되 말씀하옵소서 주의 종이 듣겠나이다 하니" (삼상 3:8~10)

하나님은 신자들 개개인을 위해 특별한 어떤 것을 예비하여 이루게 하신다. 그러나 우리들 각자가 그 소명을 찾아야만 한다. 소명은 우리가 유산으로 물려받거나, 그냥 받거나, 만들어내는 것이 아니다. 그것은 우리가 그것을 인식할 수 있는 능력을 키워나갈 때 펼쳐지는 것이다. 제자양육코칭은 제자들이 소명을 발견하고 소명대로 살아갈 때 그들을 지탱해준다.

● 변화

신자들은 항상 변화의 과정 속에 있다. 옛 속담처럼, "내가 되어야 할 사람은 아직 못 되었으나, 감사하게도, 나는 어제의 내가 아니다." 예수님을 따르는 것은 평생 이어지는 변화의 여정이다. 예수님을 따를 때, 우리는 그 여정을 경험하면서 변화된다. 그러기 위해서는 예수님께 기꺼이 자신을 내어드려야 한다.

"그러므로 형제들아 내가 하나님의 모든 자비하심으로 너희를 권하

노니 너희 몸을 하나님이 기뻐하시는 거룩한 산 제물로 드리라. 이
는 너희가 드릴 영적 예배니라. 너희는 이 세대를 본받지 말고 오직
마음을 새롭게 함으로 변화를 받아, 하나님의 선하시고 기뻐하시고
온전하신 뜻이 무엇인지 분별하도록 하라" (롬 12:1~2).

제자양육코칭은 변화의 순간들을 찾아내어 참여하는 것이다. 코칭
의 과정에서 우리는 사람들이 점점 더 깊고 의미 있는 수준에서 예수님의
제자가 되도록 돕는다.

● 삶의 목적

삶은 우리에게 많은 것들을 던져준다. 어떤 것들은 확실히 좋고,
또 어떤 것들은 좋긴 하지만 그다지 중요하지 않으며, 그리고 또 어떤 것
들은 그저 필요할 뿐이다. 우리들이 각자 직면하는 도전 중 하나는 그저
좋은 것이 아니라 가장 좋은 것에 우리 자신을 헌신하기 위해 우선순위와
한계를 정하는 일이다. 시편 기자는 이렇게 말한다.

"우리에게 우리 날 계수함을 가르치사 지혜로운 마음을 얻게 하소
서" (시 90:12).

하나님이 우리에게 주신 삶을 어디에 쓸 것인지를 결정하는 일은
지속적인 작업이다. 우리들 자신과 타인들에 의해 우리에게 부과된 여러
다른 기대치들을 측정할 기준이 우리에게 필요하다. 삶의 목적을 아는 것
이 그러한 결정들을 내리는 데 도움이 될 수 있다. 삶의 목적을 명료하게

표현하는 것은 우리에게 주어진 시간을 의도적이고 지혜롭게 사용할 수 있게 해준다

각자 이런 질문을 해보자. "만일 내일이 내 생의 마지막 날이라면, 나는 이 날을 어떻게 보낼 것인가?" 이 질문에 대한 대답이 당신 삶의 목적을 분명하게 해줄 수 있어야 한다.

제자양육코칭을 통해서 우리는 우리 자신을 위한 삶의 목적을 명확히 하고 올바르게 결정을 내릴 수 있는 가능성을 얻는다.

● 마음의 소원

우리가 예수님을 따르고 소명대로 살며 변화될 때, 우리의 소원은 하나님 형상을 닮는 것이다. 더욱이 우리의 가장 깊은 갈망들이 이 세상을 향한 하나님의 소원들과 일치하게 된다. 하나님의 소원들이 우리들 마음의 소원이 된다. 시편 기자는 이렇게 말한다.

> "또 여호와를 기뻐하라. 그가 네 마음의 소원을 네게 이루어주시리로다. 네 길을 여호와께 맡기라. 그를 의지하면 그가 이루시고" (시 37:4~5).

제자양육코칭에서 코치는 제자의 가장 깊은 갈망, 바람, 소원이 무엇인지를 제자 스스로 깨닫고 이러한 것들을 삶의 목표들과 일치시켜 실천할 수 있도록 도와준다.

● 신자의 제사장직

마틴 루터는 하나님이 우리들과의 관계에 관심을 가지고 있다는 급진적인 생각으로 중세 교회에 혁명을 일으켰다. 루터는 실제로 예수님을 따르는 자들은 제사장의 중재없이도 직접 하나님께 나아간다고 믿었다. 그 시대에 이런 발상은 굉장히 충격적이었고, 지금 우리들도 그것을 삶에 적용하는 데에 어려움을 겪고 있다. 제자양육코칭은 성령이 변화의 역사를 행하시며 각 제자 안에 계시다는 것을 인정함으로써, 신자의 제사장직이라는 교리를 실천한다. 예수님을 통해, 모든 신자는 하나님을 섬기는 제사장과 타인들을 섬기는 제사장이 되도록 부름을 받았다.

> "너희도 산 돌 같이 신령한 집으로 세워지고 예수 그리스도로 말미암아 하나님이 기쁘게 받으실 신령한 제사를 드릴 거룩한 제사장이 될지니라... 그러나 너희는 택하신 족속이요 왕 같은 제사장들이요 거룩한 나라요 그의 소유가 된 백성이니 이는 너희를 어두운 데서 불러 내어 그의 기이한 빛에 들어가게 하신 이의 아름다운 덕을 선포하게 하려 하심이라" (벧전 2:5, 9)

워크숍에서 어떤 목사님이 이렇게 물었다. "우리 교회 성도들은 이것에 대해 어떻게 반응할까요? 그들은 방향과 해답을 얻으려고 목사를 찾아오는 것에 익숙합니다. 스스로 답을 찾는다는 발상에 대해 그들은 어떻게 반응할까요?"

신자들은 성경 정보와 가르침이 필요하지만 스스로 결정하는 법도 배워야 한다. 예수님이 제자들과 동행하며 가르치고 격려했으나, 그가 떠났을 때 제자들은 예수님께서 주신 사명을 받아들여야 했다. 전에는 예수님이 그들을 먹이셨지만, 이제는 그들이 먹일 차례였다. 제자도의 과정은 능력있고 책임감있는 신자를 낳는다.

각자의 여정, 변화, 소명에 대한 하나님의 음성을 처음으로 듣게 되는 사람이 바로 자신일 때가 많기 때문에, 제자양육코칭은 제자들이 그들 안에 내주하는 성령의 목소리를 들을 수 있게 도와준다.

바나바: 코칭의 수호성자(Patron Saint)

성경은 수많은 남자와 여자들, 그리고 그들의 신앙 여정에 대해 이야기한다. 좋은 것과 나쁜 것, 승리와 실패 등 우리는 그 사람들에 대한 꾸미지 않은 진실을 읽는다. 그들 가운데 특히 코칭 분야 사람들에게 주목을 받는 사람이 한 명 있는데, 바로 초대 교회의 지도자였던 바나바이다.

바나바로 알려져 있는 이 사람의 본명은 요셉이었다. 구브로에서 난 레위 사람으로, 예루살렘 교회의 일원이었다. 그의 너그러운 성품 때문에 사도들은 그를 바나바라고 불렀는데, 번역하면 "위로의 아들"이라는 뜻이다(행 4:36~37). 사울이 핍박자에서 전도자로 회심한 후 처음으로 예루살렘에 나타났을 때, 교인들은 그를 두려워했다. 이때 바나바가 사도들에게 바울을 데리고 가서 그의 회심을 증언하여 대변해주었다(행 9:26~27).

안디옥에서 이방인들에게도 복음이 전파되고 있다는 소식을 듣고 염려가 된 예루살렘 교회의 지도자들은 신뢰할 수 있는 바나바를 보내어 조사를 해보게 했다. 안디옥에서 하나님이 일하시는 확실한 증거들을 본 바나바는 그곳에서 예수 운동에 일조했다. 그는 다소에 가서 사울을 찾았다. 두 사람은 함께, 성장하는 안디옥에서 일 년 동안 리더로 사역했다(행 11:22~26).

하나님의 영에 의해 이끌리어, 안디옥 교회는 바나바와 사울을 세워 이방 선교를 맡겼다(행 13:1~13). 1차 전도여행에서 바나바가 명백한 리더였지만 그는 사울을 독려하여 사울이 가진 많은 은사들을 사용하게 했다(이 선교여행에서 사울은 바울로 알려지게 되었다). 그들은 소아시아에 여러 교회를 세웠는데, 그 성공은 예루살렘에 있는 교회와의 논쟁으로 이어졌다. 이방인 개종자들에게 부여할 조건들에 관한 것이었다. 초대 종교회의에서 바나바와 바울은 아무런 제지를 받지 않는 복음을 주장했고 그 정당성을 입증받았다(행 15:12~23).

바울과 바나바는 소아시아에 세운 교회들을 다시 방문할 계획을 세우다가, 요한이라고 하는 마가를 데려가느냐 마느냐 하는 문제로 큰 논쟁이 붙었다. 이전의 전도여행에서 그들을 버리고 돌아갔던 청년이었기 때문에 바울은 마가가 이번 여행에 일원이 되는 것을 원치 않았다. 예상대로 바나바는 그에게 다시 한 번 기회를 주고 싶어했다. 오랜 파트너였던 두 사람은 서로의 의견이 너무 강하게 대립되어 결국 바울이 다른 여행 동반자를 택했고, 두 사람은 각자 다른 길로 가게 되었다(행 15:36~41).

바울이 쓴 것으로 여겨지는 훗날의 서신들을 보면, 마가의 능력에 대한 바나바의 확신이 옳은 것으로 입증된 것 같다. 빌레몬에게 보내는 바울의 편지에서 마가는 안부를 전하는 바울의 동역자 중 한 사람으로 나온다(몬 1:24). 골로새 교인들에게 보내는 편지에는 마가가 도착하거든 영접하라고 썼다(골 4:10). 디모데에게 보내는 마지막 편지에는, 마가를 유익한 조력자라고 생각하므로 함께 오라고 쓰여 있다(딤후 4:11). 이러한 간략한 설명을 통해 우리는 바나바가 은사를 지닌 그리스도인 코치의 다음과 같은 자질들을 보여주었다는 것을 알 수 있다.

- 그는 다른 이들에게 자신을 내어주는 것에서 기쁨을 발견했다.
- 그는 하나님의 눈을 통해 사람들에게 숨겨진 충만한 능력을 보았다.
- 그는 하나님은 모든 사람 안에서 일하신다는 믿음을 따라 살았다.
- 그는 세상에서의 선교에서 각 사람들이 하나님과 함께 하게 될 때 기뻐했다.
- 그는 실수를 경험의 끝이 아니라 배움의 기회로 보았다.
- 그는 무조건적이고 긍정적인 배려, 즉 은혜를 보여주었다.

바나바는 사람들 안에서 항상 최선의 것을 찾고 그들의 목표를 이루어나갈 수 있도록 돕는, 효과적인 그리스도인 코치의 롤모델이 된다. 우리는 그의 본을 따르도록 도전받는다.

실천과 성찰을 위한 질문들

1. 오늘날 교회가 직면하고 있는 가장 큰 문제는 무엇인가? 그 도전을 극복하는 데에 있어 제자양육코칭은 어떤 도움이 될 수 있을까?

2. 코칭을 뒷받침하는 아래의 신학적 개념들을 다시 살펴보자. 당신의 삶에서 이러한 개념들을 각각 어떻게 인식하고 있는가?
   - 각자의 독특성
   - 소명
   - 변화
   - 마음의 소원
   - 신자의 제사장직

3. 당신에게 "바나바"와 같은 사람은 누구였나? 당신은 누구에게 "바나바"와 같은 사람이었나? 어째서 그러한가?

사람 계발에 힘쓰기

6년 전에 나(마크)는 인성 검사에 바탕을 둔 특정한 형태의 훈련을 배우는 자격증 프로그램에 들어갔다. 미국 전역과 캐나다에서 온 다양한 분야의 종사자들(코치, 교수, 목회자, 인력관리 전문가, 의사와 치료사 등)이 훈련과 토론에 참여했다. 서로 다른 팀, 부서, 직원, 집단들이 인성을 바탕으로 효과적으로 소통하고 기능하도록 훈련시키려면 어떻게 하는 것이 좋을지에 대해 의견을 모아나갈 때, 우리 안에 흥미로운 상호 작용이 이루어졌다.

훈련 중에 어떤 한 사람이 모두의 마음을 꿰뚫는 통찰력 있는 질문을 던졌다. 우리를 훈련시키는 트레이너가 여러 주에 업체를 둔 엔지니어링 기업과의 코칭 작업에 대해 설명하고 있었다. 우리들 중에서 직업이 기술자이거나 그쪽 분야의 훈련을 받은 사람은 한 명도 없었다. 질문은, "기업의 기술자들과 이런 훈련을 하기 위해서는 우리가 기술자여야 하는가?" 였다. 다른 말로 트레이너(혹은 코치)가 다른 사람들을 효과적으로 도우려면 같은 직업에 종사해야 하느냐는 것이다. 우리 트레이너는 곧바로 말을 이었다. "그렇지 않습니다. 우리는 기술직 전문가들이 아니라 사람을 계발시키는 일을 하는 것입니다."

트레이너의 관점이 정확했다. 트레이너들과 코치들은 인간발달을 돕기 위해 훈련된 사람들이지, 누구의 직업이나 일과 관련된 문제에 전문적 상담을 제공하는 사람들이 아니다. 이 토론을 통해서 나는 기독교 운동에 대해 생각하지 않을 수가 없었다. 우리가 하는 일이 무엇인가? 마음속으로 빠르게 절차를 정리해보았다. 제자삼기(지상명령), 기독인 , 변화, 제자양육.

교회에 맡겨진 주된 임무는 사람들을 양육하는 일이다. 하나님의 교회로서 우리의 목표 중 일부는, 제자들이 그리스도 안에서 있는 모습 그대로, 그리고 부름 받은 대로 성장할 수 있도록 도와주는 것이다. 우리

(교회)는 2000년이 넘도록 사람을 양육하는 일을 해왔다. 사실 우리는 양육을 매우 독특한 방식으로 바라본다. 이를테면, 예수 그리스도의 제자로서 서로가 서로를 양육하는 것이다. 우리의 목표는 더욱 온전하고 신실하게 예수님의 방식으로 사는 것이다. 그래서 기독교 교회에서 양육은 단순히 의사소통, 갈등 관리, 혹은 삶의 균형에 관한 것만이 아니다. 물론 그것들이 모두 가치 있는 것들이지만, 우리의 궁극적인 목표는 그리스도를 닮아가는 것이다.

우리가 누구이며 어떤 일을 하기 위한 사람들인지를 아는 것은 실제 삶 속에서 이 일을 시작할 때 매우 유용하다. 위 이야기에서 보듯이, 이 세상에는 "인간계발(human development)" 서비스를 제공하는 사람들이 많다. 사역자로, 교회 직원으로, 크리스천 코치로, 또는 코칭을 배우는 평신도로서의 역할을 잘 수행하기 위해서 우리는 그 다양한 인간계발 서비스들을 충분히 이해하여, 사람들을 잘 섬겨야 한다.

인간계발과 남을 도와주는 직업들

45년 전, 나(마크)의 아버지는 켄터키 주 동부에 위치한 군청 소재지에서 꽤 큰 교회의 목사로 섬겼다. 여러 해가 지나서, 나는 아버지께서 당신의 경험을 말씀하시는 것을 들었다. 사람들이 가진 능력의 개발을 돕거나 문제의 해결책이 필요할 때, 나의 아버지는 그 지역의 유용한 자원이었다. 그러한 공동체에서 사역자들은 목사, 사제, 상담가, 사회복지사, 그리고 선생으로 기능했다. 자원이 제한되었기 때문에 사역자들은 될 수 있는 한 최고의 수준에서 다양한 종류의 도움을 제공하도록 요구되었다.

그러나 더 이상 이것은 사실이 아니다. 자원이 제한된 공동체들은 여전히 존재한다. 그렇지만 대체로 지금의 삶은 매우 다르다. 다행히도, 잘 훈련된 전문가들이 제공하는 다양한 형태의 인간계발 방식을 이용할 수 있다. 자원을 추천하고 평가하려고 할 때, 사역자들은 세상의 아픔과 필요에 대한 답을 가지고 있다고 주장하는 그 모든 전문가들이나 서비스의 숫자에 압도되곤 한다. 성장에 필요한 자원들을 사람들과 어떻게 연결시켜 줄지를 고민하며 교회 자신이 혼란스러워질 수도 있다. 예상하듯이, 우리는 코칭이 유용한 자원임을 강하게 믿고 있다. 동시에 우리의 코칭 경험에 비추어볼 때, 코칭이 모든 상황, 필요, 딜레마를 위한 것이 될 수 없다는 것도 안다. 확실한 정보에 근거한 분별력은 우리 자신에게 그리고 우리 교회 공동체의 제자들에게 가장 도움이 되는 서비스를 선택할 수 있게 해 준다.

● 상담 (Counseling)

목사 및 교회 개척자로 섬긴 후에, 나(마크)의 소명은 상담 분야로 발전했다. 상담학 석사학위를 위해서 학교로 돌아가서, 그 후 두 개의 상담 자격증을 따야 했다. 목회적이고 신앙을 중심으로 하는 상담 기관에서 섬길 때, 사람들과 함께 깊은 물을 걸어서 통과하는 일이 나에게는 특별한 기쁨이었다. 상당수의 전문코치들이 정신의학계 종사자들이다. 이런 점, 그리고 상담과의 유사성 때문에, 통찰력 있는 사람들은 종종 코칭과 상담이 어떻게 유사한지를 묻곤 한다. 이 둘은 같은 것인가? 만일 다르다면 어떻게 다른가?

수 년 동안 나의 임상 업무는 대개 부부(결혼치유)와 사역자들을 대상으로 이루어졌다. 사역자들이 임상 치료와 개인적인 성장 노력을 통해 상태가 호전되어도 우리는 상담 과정을 지속했다. 그들에게는 지속적인 도움이 필요했다. 뒤돌아 보니 그때 우리는 상담과 코칭의 회색지대까지 접근했었다는 생각이 든다. 나는 그때 코칭 운동에 대한 말들을 듣기 시작했고, 그것을 도움을 주는 직업의 가장 최신 형태라고 생각했었다.

코칭에 대해서 내가 처음 정식으로 접한 것은 독서를 통해서였다. 팻 윌리엄스(Pat Williams)는 코치로 전향한 심리학자였다. 2002년에 그와 드보라 데이비스(Deborah Davis)가 『생활 코치로서의 치료사』(Therapist as Life Coach)라는 책을 썼다. 윌리엄스가 워크숍을 위해 우리 주에 왔을 때 나는 그곳에 있었다. "아하" 하는 순간이 바로 이때 찾아왔다. 나는 이것이 바로, 치료가 끝난 후에도 상담을 위해 계속 찾아오는 사역자들과 내가 하던 것이었음을 깨달았다. 나는 그들을 코칭하고 있었던 것이다.

상담가들이 코칭을 하는 것일까, 아니면 코치들이 상담을 하는 것일까? 코치가 된 이후로, 코칭 클라이언트에게 실제로는 더 많은 상담이 필요하다는 것이 분명해지는 경우가 더러 있었다. 그럴 때 내가 어떻게 했을까? 다시 임상 치료자로 돌아가서 도움을 주었을까? 그렇지 않다. 그 코칭 클라이언트에게 상담의 필요성이 분명해지면, 나는 그에게 상담가를 추천해주었다. 나는 같은 사람에게 두 가지를 모두 제공하려고 하지 않았다. 코칭과 상담은 분명히 다른 활동, 즉 다른 목적과 기술을 가진, 다른 형태의 도움이다. 코치가 하는 일과 상담가가 하는 일을 구분 짓는 높은 벽이 존재한다. 물론 겹치는 부분이 있지만, 코칭과 상담의 역할은 분명 다르다.

코칭을 받는 제자에게 상담이 필요하다는 것을 코치는 어떻게 알 수 있을까? 때로는 그러한 필요가 매우 분명하고 매우 빠르게 나타난다.

다음과 같은 몇 가지 지표들은 상담의 필요들을 보여준다.

- 자살 또는 살인 충동
- 클라이언트의 발전을 방해하는 우울증이나 불안 등 치료를 요하는 문제들
- 클라이언트의 성장과 진보를 반복적으로 방해하는 고통스러운 과거의 경험들
- 코치에게 위험 신호를 주는 현실과 괴리된 생각들

코칭과 상담은 그 사람이 가지고 있는 한계들을 볼 줄 아는 예리한 감각, 코칭의 목적과 위치, 그리고 효과적인 분별력이 요구되기 때문에 그 구분이 더욱 모호하다. 상담을 추천하는 것이 여의치 않을 때 코치가 취할 수 있는 가장 효과적인 행동은 제자의 염려에 대해 터놓고 이야기하는 것이다. 코칭의 관계에서는 투명성, 확실성, 그리고 진실성에 가치를 둘 때 거의 모든 문제에 대해 생산적인 대화를 나눌 수 있다.

나(어셀)는 직업을 바꾸려는 어떤 사람을 코칭하기 시작했다. 코칭을 진행하는 동안, 직업과 관련한 이 제자의 결정에 직접적으로 영향을 주고 있는 몇 가지 중대한 가족 문제를 다룰 필요가 있다는 것을 깨닫게 되었다. 대화를 나누는 동안, 나는 그에게 그와 아내가 함께 부부 상담을 받는다면 그가 겪고 있는 문제들 중 몇 가지는 좀 더 효과적으로 해결될 수 있을 것이라고 제안했다. 클라이언트는 기꺼이 동의했고 아내와 함께 만날 전문상담가를 알아보았다. 코칭 관계는 계속 이어졌지만, 클라이언트의 직업적인 관심사에 중점을 두었다.

만약 코치가 상담의 필요성을 인식한다면, 그는 기꺼이 전문가를 찾아 추천할 수 있다.

● 컨설팅 (Consulting)

　나(마크)의 코칭 사역 초기에, 목사직을 처음 맡은 사역자(그를 드류라고 부르자)가 코칭을 요청했다. 드류가 설명하는 그의 사역 환경은 매우 흥미로웠다. 시골 마을의 오랜 전통을 가진 작은 주류 교회. 드류와 내가 코칭 관계를 맺었을 때 우리는 코칭에 대한 그의 소망과 목표를 들여다보았다. 목표에 대한 드류 자신의 생각이 명확하지 않았기 때문에, 이 과정에서 몇 번의 만남이 더 필요했다. 탐구와 대화를 통해 분명해진 점은 드류가 자신을 위한 배움과 성장, 혹은 변화를 추구하고 있지 않다는 것이었다. 대신 드류는 교회의 회중들이 변화에 대해 좀 더 열린 자세를 가지고, 그와 함께 삶과 사역을 위한 비전을 찾게 되기를 희망했다. 심사숙고 끝에, 나는 드류에게 컨설팅이 필요하다는 것을 깨달았다.

　"우리가 함께 이 코칭을 통해 당신의 목표에 도달했을 때, 당신은 무엇을 하고 있을 것 같습니까?"라고 내가 물었다.

　드류는 이렇게 대답했다. "이 교회가 소명과 비전대로 살아가도록 돕고 있겠죠."

　나는 이 교회가 과연 그 소명과 비전에 대해 얼마나 확고한지 궁금했다. "그렇게 확고하지는 않다"는 것이 그의 대답이었다. 결론적으로 도출된 코칭의 목표는 드류를 비전 있는 컨설턴트와 연결시켜 주는 것이었다. 우리 기관이 이런 일을 할지라도 그것은 코칭이 아니다. 이번에도 추천을 하는 것이 바람직했다.

　컨설턴트들은 일정한 분야에서의 전문 지식이 있고, 특정 상황과 관련된 지식을 동원한다. 코치들이 클라이언트들의 직업을 반드시 경험해야 할 필요는 없다. 반면, 컨설턴트들은 클라이언트들의 직업을 경험했거나, 적어도 잘 알고 있어야 한다. 컨설턴트들은 정보를 제공하고, 가르치고, 안내한다. 코치들도 가르치는 일을 하지만, 주된 방법은 제자가 가지고 있는 전문성을 끌어내어 주는 것이다. 컨설턴트들은 특정한 직업, 상황, 혹은 과정에 도움을 주기 위해 고용된다. 코치들은 제자들이 하나님이 바라시는 대로의 사람이 되도록 도와주는 전문가들이다.

● 멘토링(Mentoring)

멘토링 또한 나름의 위치가 있다. 멘토들은 타인들에게 가르쳐줄 것이 있다. 나이가 어떻든, 우리는 누구나 주위에 멘토 같은 사람들이 필요하다. 그것이 "공식적인" 멘토링 관계일 수도 있고 비공식적일 수도 있다. 어떤 교회들은 "결혼생활을 위한 멘토들"을 조직하여, 결혼생활 경험이 많은 부부를 경험이 적은 부부와 연결해서 건강한 결혼생활을 위한 도움을 주게 한다. 또 어떤 교회들은 새 제자들을 성장하고 성숙한 제자들과 연결하여 기독교 신앙의 기본들을 배울 수 있게 한다. 이것은 멘토링이지, 코칭이 아니다.

멘토링 관계들은 휴식시간이나 점심시간을 통해 이루어지는 관계들처럼 비공식적일 때가 많다. 멘토들은 삶의 어떤 영역에 있어서 경험과 실질적인 지식이 많다.

지난 2년 동안 우리 세 사람은 일주일에 한 번, 늘 같은 식당에서 만나서 아침식사를 함께해 왔다. 두 사람 모두 나보다 나이가 많고, 사역의 경험도 더 풍부하다. 우리는 친구이고, 또 두 사람이 자신들을 그리 생각할지는 모르지만, 서로 멘토들이기도 하다. 우리는 아침식사 모임을 위한 주제를 설정하지 않는다. 그저 단순히 마음속의 생각들을 나눌 뿐이다. 가끔은 대화가 깊고 의미 있다가, 또 어떤 때는 사소할 때도 있다. 어느 쪽이든, 멘토 같은 사람들과 어울려 대화에 빠지는 것만으로도 지혜가 자란다. 나는 나의 멘토인 이 두 명의 친구들로부터 많은 것을 배운다.

공식적인 멘토링 프로그램의 일부이든 비공식적인 관계의 일부이든, 멘토링의 관계는 아래로 흐른다. 멘토들은 멘티들보다 더 많은 경험과 지식, 지혜를 가지고 있다. 멘토들은 그 영역에서의 경험이 있고 ─ 그것이 삶이라는 "영역"일지라도 ─ 경험이 적은 사람들과 그것들을 기꺼이 나누고자 한다. 이런 유형의 관계는 제자들의 신앙 여정의 초기에 매우 도움이 된다. 예수님의 방식대로 살기 시작할 때, 길을 가면서 기댈 사람이 있다는 것은 좋은 출발을 위한 힘이 된다. 멘토들은 이러한 틈을 채워준다.

● 영적 지도 (Spiritual Direction)

영적 구도자들이 존재하는 한, 영적 지도는 계속 시행되어져 왔다. 이런 훈련이 차츰 발전하여 지금은 공인된 영적 지도자가 될 수 있게 되었다. 비록 우리들 중에 훈련받은 영적 지도자가 없을지라도, 우리는 그런 사람들을 많이 알고 그런 사람들과 함께 일을 한다. 동료들, 친구들, 지인들, 그리고 우리 자신의 삶에서 영적 지도가 가져다주는 이로운 점들을 우리는 목격해 왔다.

코칭과 영적 지도 사이에는 미묘한 차이뿐만 아니라 확실한 차이점들도 존재한다. 영적 지도는 사람들이 영적인 삶과 실천을 위한 도움을 구할 때 주로 접근하는 방법이다. 사람들은 영적인 것에 중점을 둔 염려, 문제, 또는 소망(영적인 성장이나 분별력 등)으로 인해 고민할 때 영적 지도자를 찾게 된다. 신앙의 갈등들, 소명에 관한 문제들, 또는 영적인 위기들이 사람으로 하여금 영적 지도를 찾게 만든다. 영적 지도를 받으러 오는 사람들의 이면의 동기는 대개 지엽적인 것으로, 영적인 것에 초첨이 맞춰져 있다. 영적 지도자들과 함께 일하고 관계를 맺으면서 우리가 깨닫게 되는 것은, 영적 지도는 우리가 여기서 언급했던 것들보다 훨씬 광범위한 삶의 문제들에 대해 도움이 될 수 있다는 것이다. 동시에, 영적 지도를 구하는 사람들은 대부분 이러한 동기들로부터 시작하는 경향이 있다.

영적 지도와 코칭 사이에는 겹치는 영역들이 있다. 코칭도 영적인 것에 중점을 둔 질문들을 다루기에 좋은 관계이다. 코칭을 찾는 많은 사람들이 같은 질문들을 가지고 시작한다. 그러나 코칭은 대개 훨씬 광범위한 삶의 범주를 다루는 것으로 여겨진다. 많은 사람들이 삶의 일부는 "영적"이고 나머지는 그렇지 않다고 말하는 잘못된 이분법을 발전시켜왔다. 그리스도 안에서 살 때, 모든 것이 영적이다. 사람들은 삶의 여러 분야에 걸친 소망들과 고민들을 가지고 코칭 관계에 들어오는데 그것들은 모두 본질적으로 영적인 문제들이다.

또 다른 차이점은 기대되는 결과이다. 코치는 제자들이 변화를 일구고, 성장하고, 행동을 취하도록 도와준다. 때때로 이것의 결과에서 통찰과 직관이 발생하기도 하지만, 그것들은 코칭의 목표가 아니다. 영적 지도는 내적인 것에 초점을 맞추면서 통찰과 직관을 추구하는 편이다. 나중에 제자가 이러한 배움을 삶에서 실천할 방법을 결정한다. 코칭은 실천 과정을 포함하며 이를 지원해준다.

다음에 나오는 표를 통해, 도움을 주는 직업들 간의 유사점과 차이점을 이해할 수 있을 것이다. 각 직업에 대한 설명이 고작 몇 줄 안에 광범위한 형태로 축약되어 있다는 것을 우리도 인식하고 있다. 이 표는 각 직업에 대한 기술적인 이해를 돕기 위한 것이 아니라, 인간계발을 위한 도구로

	컨설팅	멘토링	코칭	영적 지도	상담/치료
주안점	문제 해결, 행동 계획, 특정의 문제들	경험이 적은 사람에게 실용적인 지혜와 기술을 전달	자기 발견과 지속적인 행동을 연결시키며, 실천 학습을 통해 사람들을 양육	하나님의 인도하심에 귀를 기울이며, 자신의 영적 여정에 대한 통찰력을 갖게 하는 것	특정 문제들을 일으키는 감정이나 행위, 사고의 유형을 이해하여 문제를 해결
전문적 지식	컨설턴트	멘토가 습득한 지혜	클라이언트의 내적 전문성	클라이언트의 영적 여정. 이 여정을 이해하기 위해 영적 지도자의 지침을 동반함	클라이언트가 전문가가 될 만큼 충분히 강해질 때까지 치료자의 전문 지식이 필요
시간 지향성	현재	과거와 현재	현재와 미래	과거와 현재	과거
공급자의 역할	전문가	전문지식 및 지혜와 지침을 나눌 멘토	클라이언트의 꿈과 소명을 이끌어 내고, 이어서 행동 설계를 함께 하는 적극적인 동반자	클라이언트와 하나님 사이의 교류를 활성화하는 배후의 안내자	클라이언트 로부터 방향을 이끌어내는 배후의 안내자
"왜"라는 질문에 대한 상관성	때때로 "왜"라는 질문을 한다.	그렇게 많이 묻지 않고, 대신 개인적인 지식을 나눈다.	"왜"라는 질문은 거의 하지 않는다.	영적 여정에 관한 것일 때 묻는다.	"왜"라는 질문을 자주 한다.
문제의 근원에 대한 관심	어린 시절과 관련된 깊은 문제에 관심을 두지 않는다.	어린 시절과 관련된 깊은 문제에 관심을 두지 않는다.	코칭 과정에 방해가 되지 않는 한 어린 시절의 문제에 관심을 두지 않는다.	영적 여정을 방해하는 어린 시절의 중대한 문제들을 찾아낸다.	현재의 상황과 복잡하게 얽혀 있는 어린 시절의 문제에 초점을 둔다.
중점 영역	특정 프로젝트	멘티의 필요	클라이언트의 인생 전반	클라이언트와 하나님과의 관계	클라이언트의 인생 전반

제자양육코칭: 21세기 선교적 교회를 위한 제자들의 공동체 세우기

그 일을 누가 하는가?	컨설턴트가 클라이언트를 위해 필요한 특정한 일들을 행한다.	멘토로부터 직접적인 안내를 받는 멘티	클라이언트	클라이언트가 도움을 받아 분별한다.	치료의 진행 과정에 따라 제시되는 바를 클라이언트가 행한다.
공급자가 사용하는 방법들	가능한 빠르고 직접적으로 올바른 계획을 찾는다.	해야 할 것과 하지 말아야 할 것을 멘티에게 가르친다.	실험 정신을 가지고, 실패를 배움의 기회로 삼으며, 성공을 추구한다.	하나님의 음성을 듣고, 클라이언트의 삶에서 하나님의 활동을 찾으며 주시한다.	고뇌 해소를 위해 될 수 있는 한 빨리 통찰력과 권한을 부여하는 데 초점을 맞춘다.
위탁	필요에 따라, 다른 전문 조력자를 추천한다.	필요에 따라 전문가들을 추천한다.	필요에 따라 다른 전문 조력자를 추천한다.	필요에 따라 다른 전문 조력자를 추천한다.	필요에 따라 다른 전문 조력자를 추천한다.

서 각각의 직업과 서비스가 가지고 있는 장점들을 알려주기 위한 것이다.

주요한 심리학적 개념들

앞의 논의를 통해 알 수 있듯이, 코칭은 여타의 인간계발 방식과 다르다. 인간계발 서비스들 간에 겹치는 부분들이 있긴 하지만, 코칭은 독자적인 전문 훈련으로 전개되어 왔다.

코칭은 어떻게 발전했을까? 이것이 어떻게 해서 독특한 인간계발 방법이 된 것일까?

다른 형태의 인간계발 방식들처럼, 코칭은 여러 영역의 개념과 원리들을 통해 만들어진 훈련 방식이다. 지면이 허락하지 않아 코칭 운동의 전체적인 역사를 이 책에 기술할 수는 없지만, 코칭의 발전에 직접적인 영향을 준 심리학의 몇 가지 핵심적인 개념들을 아는 것이 좋다.

초기의 심리학은 주로 사람에게서 잘못된 것을 고치는 데 관심을 두었다. 즉 병리학에 초점을 맞추었다. "무엇이 사람을 병들게 하고, 정신적인 혼란과 불균형을 일으켜 허약하게 만드는가?" 심리학이 초기 병리학에 바탕을 둔 의학 분야에서 발전하였기 때문에, 이러한 접근이 자연스러웠다. 시간이 흐르면서 심리학자들과 심리치료사들, 그리고 사회과학 연구자들은 다른 물음에 관심을 가지게 되었다. "무엇이 사람들을 정신적으로 평안하고, 건강하고, 균형 잡히고, 만족하게 만드는가?" 회복탄력성(resilience)과 행복이 주요한 연구 대상이 된 것이다.

긍정심리학(positive psychology)이 심리학 분야의 집중적인 연구 대상으로 떠올랐다. 이 분야의 연구자들과 개업의들은 건강, 회복탄력성, 만족감을 포함하는, 긍정적인 인간의 특징들을 연구했다. 미국 심리학회의 전 회장인 마틴 셀리그만(Martin Seligman)은 그의 저술, 『긍정심리학』(Authentic Happiness, 2002)과 『낙관성 학습』(Learned Optimism, 1990)을 통해 긍정의 심리학 연구에 크게 기여했다. 그 외의 연구자들과 의사들은 가족들의 안녕과 평안을 돕는 것이 무엇인지에 대해 점점 관심을 가지게 되었다. 『가족과 레질리언스』(Strengthening Family Resilience, 1998)에서, 결혼/가족 상담치료사이자 교수인 프로마 월시(Froma Walsh)는 건강, 복지, 그리고 회복탄력성 – 우리가 삶에 있어서 바라지 않는 것들이 아닌 오히려 바라는 특징들 – 에 대한 주의를 환기시켰다.

그 분야가 계속 발전함에 따라, 해결중심의 단기치료 모델들이 생겨났다. 이 방법이 추진력을 얻을 수 있었던 한 이유는 치료사들에게 보다 효과적이고 신속하게 일처리 하도록 요구하고 그럼으로써 보험회사들의 돈을 절약하게 하는 관리 의료제도(managed care)였다. 관리 의료제도에 부정적인 측면들이 있긴 하지만 한 가지 긍정적인 결과는 치료사들이 클라이언트를 위한 목표 성취에 중점을 둔 질 좋은 결과물들을 밝혀내야 했다는 것이다. 단기치료 모델들이 발전하면서 한 가지 새로운 상담 유형이 특히 강조되기 시작했는데, 그것이 해결중심 단기치료이다. 아마도 이 모델에 대한 가장 훌륭하고 영향력 있는 설명은 인수 킴 버그(Insoo Kim Berg, 김인수)의 저술, 『해결중심 접근』(A Solution-Focused Approach, 1994)에서 찾아볼 수 있을 것이다.

연구와 실무 분야에서의 이 세 가지 – 긍정심리학, 회복탄력성 연구, 해결중심 치료 – 모두 코칭 실무에 기여했다. 다음에 설명할 핵심 개념들은 대개 해결중심 단기치료에서 나온 것으로, 코칭의 영역에 포함된다.

"어리석은 짓(insanity)은 같은 일을 계속 반복하면서 다른 결과를 기대하는 것이다."

어떤 진술이나 인용문들은 대중문화 속에 영구적으로 남아 있다. 알버트 아인슈타인이 남긴 위의 명언은 과학뿐만 아니라 인간의 행위에 대해서도 탁월한 통찰을 제시한다. 오늘날에는 많은 사람들이 "미치다(crazy)"라는 말에 대한 일반적인 정의(의학적 의미가 아니라)로 이 격언을 인용할 것이다. 좌절하거나 실패할 때 나타나는 우리들의 성향을 정확하게 묘사하기 때문에, 어리석은 짓(insanity)에 대한 이러한 관점이 우리에게 아주 깊이 와 닿는다. 아인슈타인의 진술에서는 거부하기 힘든 두 가지 결말이 도출된다.

"만약 처음에 성공하지 못하면, 다시, 또 다시 시도하라."

미국 문화 속에서 자란 사람들의 기억 속에는 이 말이 메아리처럼 울릴 것이다. 이 말 속에 숨겨진 긍정적인 의미는 실패는 끝이 아니며 실패 후의 재시도가 종종 성공을 불러온다는 것이다. 삶에 대한 이러한 관점은 가치가 있으며, 인내하며 앞으로 나아갈 수 있게 하는 힘을 준다.

　　동시에, 세월이 흐르면서 이상한 구절 하나가 이 격언 속에 슬그머니 끼어들었는데, 그것이 바로 위에서 '미치다crazy'라는 말을 정의하면서 적용한 "같은 접근법"이라는 말이다. 이 구문이 세월을 거쳐 어떤 형태로 자리 잡히게 되었는지를 보자. "만일 처음에 성공하지 못하면, 같은 방법으로 다시 하고, 또 해라." 사람들은 좋은 의미를 가진 이 지혜로운 충고를 우리가 이 둥근 쐐기를 네모난 구멍에 박기 위해 그저 계속 더 세게 내리쳐야 한다라는 의미로 해석해온 것이다.

"만약 처음에 성공하지 못하면, 같은 방식으로 훨씬 더 힘 있게, 계속 다시 시도하라."

　　처음의 수고가 헛되이 사라졌으나 우리가 원하는 것을 정말로 이루고 싶을 때, 우리는 어떻게 하는 경향이 있는가? 대체로, 같은 방법을 다시 시도하되 이전보다 훨씬 많은 에너지와 활력을 가지고 한다. 만일 못이 나무에 박히지 않으면, 망치를 더 세게 내리쳐라. 더 많은 힘을 써라. 그래도 안 되면, 더 무거운 망치를 사용하고 더 세게 휘둘러라. 기본적으로 우리는 같은 방법을 사용하되 훨씬 더 큰 압력과 힘을 적용한다. 때로는 이런 방식이 효과를 불러온다. 때로는 같은 방법으로 조금 더 많은 수고를 기울이는 것만으로도 일이 진전된다. 특히 단순하고 기본적인 문제이거나 업무일 때 그러하다. 하지만 그 문제가 복잡하든가 관계나 믿음이 연관되어 있을 때는 이런 방식이 효과를 거두기 어렵다.

　　해결중심 치료는 딜레마를 해결할 대안을 찾는 일에 클라이언트를 참여시킨다. 코칭은 해결중심 접근법을 통해 학습된 문제들과 관심사들에 대한 보다 폭넓은 사고를 수반한다. 똑같은 방법에 더 많은 에너지를 쏟아 부으며 시간을 낭비하지 말라. 시야를 넓혀, 우리 앞에 놓인 대부분의 도전들을 극복할 많은 대안들이 있다는 것을 깨달으라.

"효과가 있는 것을 찾아내고, 그것을 더 많이 하라."

효과가 없는 동일한 방식을 포기해야 새로운 방법들을 찾기 위해 앞으로 나아갈 수 있다. 해결중심 치료사들은 클라이언트들이 효과 있는 방법을 분별할 수 있도록 두 가지 방법으로 지원한다.

첫째, 해결책이 이미 존재했던 때를 찾아내라. 다시 말하면, 클라이언트가 이미 그 해결책을 실행하고 있고, 그래서 그 문제가 더 이상 문제가 되지 않는 때가 언제인가? 이런 유형의 탐구는 이런 특정한 문제나 딜레마와 관련하여 효과적인 것이 무엇인지를 알아내는 데 직접적인 도움이 된다. 사람들이나 조직들이 이런 렌즈들을 통해 보는 법을 배우면 이전에 알지 못했던 삶의 능력을 찾게 된다.

교회의 상담 사역에서 우리는 종종 갈등을 관리해야 할 때가 있다. 회중들을 이러한 관점에서 바라볼 때, 우리는 교회들이 항상 만족스럽게 갈등을 해결한다는 것을 발견한다. 전문가들이 요구되는 예외적인 때가 있긴 하지만, 대개의 경우 교회가 스스로 문제를 해결한다. 그럼, 어떻게 그렇게 하는 것일까? 이것은 장점과 능력의 발굴로 이어지는 질문이다. 이미 존재하는 해결책이 보이면, 그것을 더 많이 하면 되는 것이다.

둘째, 잠재성 있는 새로운 해결책들을 실험하면서 효과 있는 것들을 찾아낸다. 아마 그 오래된 격언을 "처음에 성공하지 못하면 새로운 것을 시도하라"고 바꾸어야 할 때인지도 모른다. 어떤 치료법들은 다음 상담이 이루어지기 전에 클라이언트들에게 과제를 주기도 한다. 이러한 과제들은 새로운 활동들을 통해 행하는 클라이언트의 실험을 도와서 치료 작업을 촉진하기 위해 계획된다.

초보 치료사들은 종종 어떤 과제를 줄 것인지를 판단하는 데에 지나치게 많은 시간을 소비한다. 이에 대한 해결책은 여러가지 면에서 사실 어떤 과제인가는 그리 중요하지 않다는 것이다. 클라이언트가 새로운 것을 시도할 때, 그 활동과 행동이—종종 시행착오를 통해서—그 사람이 발전하도록 이끌어줄 것이다. 새로운 것을 시도함으로써, 클라이언트는 효과 있는 것을 찾게 된다. 이러한 접근법으로 시야가 넓어지고 확장되며, 해결책들이 발견된다.

"작은 변화는 생산력이 있다."

변화는 어떻게 생겨날까? 한순간에 생겨날까, 아니면 발전 단계들을 거치면서 전개되는가? 그리스도인의 회심은 어떠한가? 한순간에 일어나는가, 아니면 장시간에 걸쳐 성장하며 믿음이 자라나는가?

전통적으로 우리들 대부분은 다메섹 도상에서 일어난 사도 바울의 회심을 즉각적인 회심의 예로 여겨왔다. 어떤 점에서는 그렇게 이해하는 것이 정확하다. 또 다른 면에서는, 바울이 되기 전의 사울에 대해 우리가 가지고 있는 제한된 정보만 보더라도 그의 신앙 여정이 어떻게 전개되었는지를 알 수 있다. 초대 집사들 중 한 사람인 스데반이 돌에 맞아 순교할 때, 바울은 거기에 서서 돌 던지는 자들의 옷을 받아주고 있었다. 그는 말 그대로 극한 상황에서 스데반의 은혜로운 모습을 목격했다. 분명, 죽음 앞에서도 타인들에 대한 사랑을 보여주는 스데반의 영혼을 목격한 일이 사울에게 영향을 미쳤다.

대개의 극적인 회심들은 의식적으로 깨닫기 오래 전부터 내면에 변화의 씨앗들이 자란다. 이 점을 알고 해결중심 치료사들은 세션별로 과제를 주어서 클라이언트들 스스로 그들이 처한 딜레마에 작은 변화를 일으킬 수 있게 도와주는 것에 초점을 둔다. 작은 변화는 생산력이 있다. 공을 일단 굴리면 그 자체의 운동력을 갖게 되는 것처럼 말이다. 시작하는 데에 많은 에너지가 들지만, 일단 움직이기 시작하면 공은 계속 운동 상태를 유지하려 한다. 예를 들어, 내가 글을 쓰려고 나를 자리에 앉히려면 힘이 많이 들지만, 일단 주제에 몰입하면 쓰기를 멈추기 어려운 것과 같다.

"우리의 삶과 해결책에 대한 전문가들은 바로 우리 자신이다."

당신에게 무엇을 해야 할지, 어떻게 살아야 할지를 말해줄 사람이 필요한가? 어렵지 않은 일이다. 그런 말을 해줄 사람들은 어디에서나 찾을 수 있으니까. 문제는 이런 식의 접근은 거의 효과가 없거나 지속 가능한 성장을 이루지 못한다는 것이다. 해결중심 치료사들은 문제의 해결책들은 그 사람 안에서 가장 잘 찾을 수 있다는 것을 안다. 삶의 역동성과 미묘함, 그리고 복잡함 때문에 어느 한 사람의 해결책이 다른 모든 사람들의 삶에 맹목적으로 적용될 수 없다. 대신, 해결중심 치료사들은 클라이언트가 가진 타고난 지혜와 관점이 드러날 수 있도록 도와준다. 그래야 더욱 효과적이고 지속적인 해결책이 나온다. 클라이언트가 누군가로부터 혹은 어디에서 정보나 전문지식을 얻어서 보여주는 해결책들일 때도 있지만, 어쨌든 그 처방이 클라이언트 자신에게서 나온다. 나중에 살펴볼 코칭 운동에 이러한 원리가 제시되어 있다.

당신이 다른 이들을 지도하거나, 가르치거나, 혹은 일반적인 행진 순서를 제시하려고 할 때가 얼마나 자주 있는가? 만일 그것이 당신의 성향이라면 ─ 도움을 주고자 하는 우리 같은 사람들 대다수가 그러하다 ─ 그렇다면, 코칭 훈련을 받으면서 당신은 그 점을 보완해야 할 것이다.

제자양육코칭 이면에 들어 있는 신학을 기억하라. 우리는 성령 하나님이 제자들 각자의 삶에서 활동하고 계심을 믿는다. 우리는 또한 제자들 각자가 하나님 앞에서 자신의 삶에 대한 책임을 갖는다고 믿는다. 이것은 코치로서의 우리의 역할이 제자들을 향한 하나님의 인도하심을 보여주고, 발견하고, 찾도록 도와주는 것임을 의미한다. 우리의 역할은 하나님의 영역을 침범하여 사람들에게 무엇을 해야 하는지를 말해주는 것이 아니다.

물론, 우리가 하는 말들을 추천, 제안, 혹은 충고로 매우 세련되게 꾸며서 제시하기도 하지만, 이것 역시 제자를 간섭하는 것이 된다. 나는 종종 내가 코칭하는 제자들에게 이런 말을 한다. "코치로서의 내 목표는 당신 안에 있는 전문가가 깨어나 보다 적극적인 사람이 되도록 도와주는 것이다." 우리는 제자양육코칭을 배우면서 이 점을 자주 언급하게 될 것이다.

"분명하고 긍정적으로 기술된 목표가 진보를 이루는 데에 필수적이다."

어떤 것에 대해 생각하지 않으려고 해본 적이 있는가? 어떤 것을 하지 않으려고 해본 적은? 그럴 때 어떤 일이 생기나? 행동을 회피하거나, 멈추거나, 중단하는 것을 목표로 삼는다면 ─ 그리고 전략이 부정적으로 기술되어 있다면 ─ 그 목표를 이룰 가능성이 적다.

체중감량 전문가들은 오래전에 이것을 터득했다. 어떤 사람이 체중을 감량하고자 할 때, 이들 전문가들은 즉시 그 사람이 건강에 좋은 음식을 섭취하거나 건강한 생활 방식을 세우거나 혹은 운동을 하는 등의 새로운 목표를 세우게 한다. 전략이 부정적으로 맞추어져 있을 때 – 예를 들면, "나는 앞으로 2주 동안 취침 전에 아이스크림을 먹지 않겠어"라는 식으로 – 그 사람은 피하고자 하는 그 음식에 집착하게 된다.

문제의 대상, 활동 또는 걱정거리에 집중을 하면 그 문제를 일으키는 행위에 얽매이게 될 가능성이 매우 높다. 해결중심 치료법에서 나온 이 심리학적인 핵심 개념은 코치 훈련 프로그램과 접근법에 거의 바로 이입된다. 제자양육코칭에서 우리는 그것을 보게 될 것이다. 여러분은 제자의 목표를 끌어내어, 그것을 실현 가능한 긍정적인 목표로 전환하는 법을 배우게 될 것이다. 때로는 제자들과 목표를 찾아내고 창조하는 과정을 경험하는 것만으로도 많은 에너지와 희망을 만들어낼 수 있다. 제자들은 성장과 변화를 원한다. 그들이 발전할 수 있도록 누군가가 실제적으로 도움을 줄 수 있다면, 그 사람은 하나님이 보내신 선물이다.

코칭 직업

제자양육코칭의 목표는 제자들을 양육하고 교회에 코칭 문화를 소개하는 것이다. 제자양육코칭이 전문코치들을 양성하기 위해 만들어진 것은 아니지만, 전문 코칭이 어떻게 발전해왔고 이것이 여러 유형의 코칭 실무에 어떤 자원들을 제공해주는지를 알면 도움이 될 것이다.

경영자 코칭은 수년간 행해져 왔다. 대기업의 리더들은 업무의 단독 관리가 버거운 일이라는 것을 일찍 파악했다. 또한 현명하게도 그들은 개인적이고 전문적인 기능에 대한 타인의 시각이 회사에 도움이 될 것이라고 여겼다. 그러한 도움을 줄 코치들을 고용할 수 있는 자원을 그들은 가지고 있었다.

좀 더 근래에는 경영자 코칭이 다른 직업의 영역으로, 그리고 이어서 일반적인 삶의 영역으로까지 확장되었다. 현재 전 세계에는 수많은 생활 코치(life coach)들이 훈련받아 인증받고 있다. 지금은 그야말로 흥미진진한 코칭 운동의 시대이다. 코칭이라는 직업이 아직 오래되지 않은 분야라서 창의성과 에너지를 특징으로 한다. 동시에, 하나의 직업이 갖는 분명한 특징이 코칭 인증의 발달 과정에도 어김없이 들어 있다. 코칭은 미국 주(state) 정부의 면허가 요구되는 상담만큼 규제를 받지 않는다. 그렇다고 해서 코칭이 컨설팅처럼 완전히 규제가 없는 것도 아니다. 전문코치들이 발전시켜온 인증 과정이 있다. 그들은 스스로를 규제하고, 코칭을 위한 수준 높은 직업적 기준을 도입한다.

1995년에 설립된 국제코치연맹(International Coach Federation)은 가장 규모가 큰 전문 그룹 중에 하나이며 18,000명 이상의 회원들이 가입되어 있다. ICF는 준인증코치, 전문 인증코치, 그리고 마스터 인증코치, 이렇게 세 개 범주의 코치들을 인증한다. 지방과 지역의 많은 코칭 그룹들이 ICF와 제휴하고 있다. ICF가 직접 코치를 훈련하지는 않지만, 대신 코치들을 인증한다. 인증된 훈련 프로그램들은 ICF의 홈페이지(www.coachfederation.org)에서 찾아 볼 수 있다.

전문코치로 일하기를 원하는 사람들은 ICF를 통해 인증받을 것을 추천한다. 코칭 요금을 부과하는 문제, 코치로 근무하는 문제, 코칭을 생업으로 하는 코치가 자신을 홍보하는 문제 등 ICF로부터 인증을 밟는 사람은 이와 같은 상황들에 대해 조언을 받는다. 이러한 과정을 밟고 싶어 할 성직자들이나 교회 직원, 혹은 평신도들이 있을 것이다. 코칭을 사역의 일부로 삼고, 회중의 상황에 맞추어서 보다 효과적으로 제자를 양육하고 싶어하는 이들은 일반적으로 기독인 양성과 제자도의 특별한 필요성을 다루는 제자양육코칭 모델과 같은 코치 훈련을 추구할 것이다. ICF의 인증보다는 제자양육코칭이 오히려 더 여러분의 교회 안에서 코칭 운동을 시작할 수 있도록 구성되어 있다.

하나의 직업이 명확하게 정의되려면 얼마나 발전되어야 할까? 모르기는 해도 현시점에서의 코칭보다는 더 발전해야 할 것이다. 전문 코칭에 대한 가장 결정적인 정의는 아마도 국제코치연맹이 제시한 정의에서 찾아볼 수 있을 것이다.

> 전문 코칭은 자신의 생활, 직업, 사업, 혹은 조직 안에서 탁월한 결과를 창출할 수 있도록 사람들을 도와주는 지속적이면서 전문적인 관계이다. 코칭 과정을 통해 클라이언트들은 배움의 깊이를 넓히고, 능력을 향상시키며, 삶의 질을 높인다.

이 정의는 가장 광범위한 표현으로 코칭을 설명하고 있다. 전문 코칭은 활동성과 대중성이 점점 커지고 있는 매우 유용한 인간 계발 방법이다. 그런데 이 정의가 하나님의 교회와 우리의 존재 관계를 말해주고 있는가? 교회의 선교에 대해 말할 때, 우리는 이 정의가 전달하는 것보다도 더 구체적으로 초점을 맞춘다고 본다. 그리스도를 따르는 사람들을 위한 코칭은 전문 코칭의 많은 원리들을 포함하지만 초점이 다르다.

패트릭 윌리엄스(Patrick Williams)가 정의하는 코칭은 클라이언트로부터 "최선의 것을 끌어내는 것을 목적으로 하는 일련의 대화"이며, "클라이언트가 자신의 개인적 혹은 직업적 삶 속에서 바꾸거나, 개선 혹은 추가하고 싶어 하는 것이 무엇인지를 깨닫도록 도와주는 것"[2] 이다. 아마도 이 정의가 제자양육코칭에서 우리가 목표로 삼아야 하는 것에 대한 실제적인 설명에 좀 더 가까이 다가간 것 같다. 코칭은 지속적인 관계의 맥락에서 가장 큰 효과를 거둔다. 코칭은 또한 대화이자 상호작용이다. 교회는 이런 유형의 관계들과 대화들이 일어나기에 굉장히 좋은 현장이다. 우리는 변화와 성장, 그리고 향상하는 삶에 초점을 맞춘 지속적인 관계들을 형성할 수 있다. 아직 이 정의는 그리스도의 제자들을 코칭하는 것에 대한 주된 의미를 포착하지 못했다. 아래 제시하는 다른 두 개의 정의가 이 점을 보완한다. 첫 번째 것은 조셉 우미디(Joseph Umidi), 두 번째 것은 데일 스톨(Dale Stoll)의 정의이다.

> 코치들은 리더들이 책임을 다하고 행동하여 그들이 가진 잠재 능력을 최대한 끌어낼 수 있게 도와주는 변화의 전문가들이다.[3]

> 멘토링은 하나님이 나에게 주신 것이 무엇인지를 당신에게 말하는 것이고, 코칭은 하나님이 당신 안에 두신 것을 당신 밖으로 끌어내는 것이다.[4]

위 정의들은 우리가 하는 일의 실제적인 정의에 보다 가깝게 다가섰다. 코치들은 변화의 전문가들, 즉 변화의 이론과 실제를 배우고, 다른 사람들을 도와서 그렇게 살 수 있게 해주는 사람들이다. 코치들은 또한 신앙의 관점에서 조명된 멘토링과 코칭의 차이를 안다. 위 두 가지 정의는 제자를 코칭하는 것에 대한 유익한 통찰이긴 하지만 포괄적인 정의는 아니다. 제자양육코칭에 대한 우리 자신(마크와 어셀)의 실제적인 정의로 돌아가 보면,

제자양육코칭은 제자가 더욱 온전하게 소명대로 살아가는 결과를 얻는데 초점을 맞춘 협력적인 관계이다.

제자양육코칭은 특정한 목표나 목적이 없이 커피를 마시며 편안하게 주고받는 대화가 아니다. 이것은 목표에 집중하는 의도적인 관계이다. 제자양육코칭은 목적들과 수행 과제, 실험, 기도, 사고, 조정과 성취들로 이루어진다. 우리의 목표는 제자가 일어나 그의 소명을 최대한 이루며 살아가는 것이다. 제자양육코칭에 대한 이 정의의 의미를 다음 장에서 풀어나갈 것이다.

---

2 Patrick Williams, Therapist as Life Coach: Transforming Your Practice (W. W. Norton & Co., 2002).

3 Tony Stoltzfus, Leadership Coaching: The Disciplines, Skills, and Heart of a Christian Coach (Book Surge Publishing, 2005), 7.

4 Ibid.

실천과 성찰을 위한 질문들

1. 당신의 삶을 돌아보라. 당신에게 멘토가 되었던 사람들이 있는가? 그들은 누구였나? 그들과의 관계를 어떻게 설명하겠는가? 그들을 통해 배운 점은 무엇이었나?

2. 상담이나 치료를 받아본 적이 있는가? 자신과 그 상담가 혹은 치료사와의 관계가 어떠했는지 설명해보라. 어떤 문제로 그들의 도움을 받았는가?

3. 개인적으로든 혹은 조직의 일부로든, 어떤 시점에 컨설턴트에게 연락한 적이 있는가? 관계가 어떠했나? 결과는 무엇이었나?

4. 이전에 직장에서 혹은 개인적으로 코칭을 받아본 적이 있는가? 당신의 코치는 누구였나? 그 관계가 어떠했나? 결과는 무엇이었나?

코칭 대화 시작하기

브우리는 코칭이 교회에 필요할 뿐만 아니라, 모든 신자들이 하나님이 바라시는 제자가 되도록 도와주는 데 있어 중요한 역할을 할 수 있다고 믿는다. 그 일을 위해서 크리스천 리더들은 그들의 상황에 맞는 코칭 기술들을 배우고 적용해야 한다. 다니엘 하카비는 그의 저서에서 이렇게 말한다.

코칭 리더로서, 당신은 당신의 생산품이나 서비스가 어떤 식으로 기여하게 될지를 파악할 필요가 있다. 그것이 어떻게 사람들의 삶의 질을 좀 더 높여줄 수 있는가? 어떻게 하면 그것으로 인해 사람들이 보다 효율적으로 일하게 될까? 그것이 어떻게 사람들의 건강에 이바지하며, 그들의 외모나 표정을 개선시키고, 그들의 인간관계를 풍요롭게 할 수 있을까? 어떤 비즈니스이든 간에, 당신이 제공하는 서비스가 어떤 필요를 충족하기 위한 것이며, 그것이 세상을 개선하는

데 어떤 도움을 주는지를 파악해야 한다.[5]

하카비가 특별히 기독교인들이나 교회 리더들을 위해 이 글을 쓰지는 않았지만, 그의 논점은 동일하게 적용될 수 있다. 우리가 하는 일이 어떻게 사람들로 하여금 하나님과의 관계에서 한 걸음 더 나아가도록 도움을 주는가? 신앙 공동체 안에서 평신도 혹은 목회 지도자들로서의 우리 역할이 "가치를 가지는" 측면은 무엇인가?

우리가 다른 사람들에게 제공할 수 있는 가장 중요한 "서비스들" 가운데 하나는 그들이 제자도 안에서 각자 하나님이 바라시는 대로 성장할 수 있도록 도와주는 것이다. 그런 일은 그 개인의 인생에서 중요한 의미를 가지고 있는 사람으로부터 격려를 받을 때 일어날 것이다. 그의 책, 『미셔널 르네상스』(Missional Renaissance)에서, 레지 맥닐(Reggie McNeal)은 "참된 영성은 오직 책임의 문화와 관계들 속에서만 살아서 번성한다"고 말한다.[6] 물론, 우리의 궁극적인 책임은 하나님께 대한 것이지만, 우리는 하나님의 보다 성숙한 제자들이 되는 데 도움이 될 책임 구조들을 우리들의 삶 속에 창조하고 수용할 수 있다.

이것이 제자양육코칭에서 가장 강조하는 점이다. 모든 신자들에게는 하나님이 주신 소명이 있다. 친절하고 숙련된 코치들은 신자들이 하나님 나라에서 저마다 받은 독특한 사명을 성취하도록 도와줄 수 있다. 이러한 형태의 코칭은 개인, 팀, 그리고 회중에게 힘을 부여하여 그들이 가

---

5 Daniel Harkavy, Becoming a Coaching Leader (Nashville: Thomas Nelson, 2007), 87.

6 Reggie McNeal, Missional Renaissance (San Francisco: Jossey-Bass, 2009), 104.

지고 있는 은사와 재능과 자원들을 효과적이고 변혁적인 사역에 사용할 수 있게 한다.

요즘과 같이 어려운 시기에는 많은 이들이 힘겨워한다. 우리에게는 삶을 위한 새로운 비전과 새로운 중심이 필요하다. 코칭은 우리의 비전을 명확하게 하고, 가능성을 발견하며, 확신을 가지고 앞으로 나아갈 기회를 제공한다. 제자양육코칭은 그리스도인 제자들이 더욱 온전하게 소명대로 살게 하는 집중적인 협력 관계이다.

코칭의 사명

기독교 신앙의 맥락에서 제자들을 코칭하는 것은 효과적인 전문 코칭의 원리와 실제를 수반한다. 동시에, 제자들을 코칭한다는 것은 전문 코칭의 원리와 실제 이상의 것을 포함한다. 우리는 신학적이고 신앙에 근거한 관점에서 일을 한다. 우리는 교회의 제자양성 사역의 연장선에 존재한다. 제자양성의 관점에서 바라보는 코칭의 사명은 독특하다. 앞에서 제시한 제자양육코칭의 정의를 한 구절씩 나누어 코칭의 의미를 찾아보자.

● "기독교적(Christian)"

무엇이 인간관계를 기독교적으로 만드는가? 예수 그리스도의 인격을 중심으로 관계가 형성될 때, 그 관계들이 기독교적이다. 그 관계를 유지시키고 지속시키는 연결자가 예수 그리스도일 때, 이것이 기독교적이다. 제자양육코칭은 예수 그리스도 중심의 삶을 지향하는 사람들의 영적 여정을 발전시키는 데 초점을 둔다.

● "초점을 맞춘(focused)"

교회 안에서 관계들이 형성될 때, 대개 우리 삶의 여러 측면들이 그 관계 안에 들어간다. 항상 믿음에 대해 이야기하는 것은 아니지만, 그래도 비교적 자주 믿음의 맥락에서 날마다의 삶을 나눈다. 제자양육코칭은 일상적인 대화 이상의 것이다. 제자양육코칭은 우리의 제자도에서 성장하고 있는 부분을 집중 조명하는 집중적인 대화이다. 제자양육 코치들은 제자들에게 유익이 되도록 대화를 이끌어 나간다.

● "협력적인(collaborative)"

제자양육코칭의 신학적이고 심리학적인 기반을 기억하는가? 우리는 하나님이 각 제자의 삶 속에서 활동하고 계심을 믿는다. 우리는 해결책들과 전문성이 제자 안에 있음을 믿는다. 그러므로, 우리는 행위를 촉진하기 위해 제자 및 하나님과 협력한다. 제자양육 코치는 하늘에서 내려온 전문가가 아니다. 오히려 코치는 제자들의 성장과 진보를 도와주는 믿음 안에서의 친구이다. 제자양육코칭에는 "독선적인" 접근 방식이 허용될 여지가 없다.

● "관계(relationship)"

관계를 형성하는 당신의 능력은 어떠한가? 제자양육코칭은 기본적인 관계 기술들 위에 세워진다. 제자양육코칭 안에 일정한 실천 방법들을 가진 특정한 모델이 들어있기는 하지만, 단순히 그것을 "기교화" 할 수는 없다. 오히려 그것은 관계의 맥락에서 코칭을 하기 위한 모델이다. 이러한 통찰을 우리는 반복적으로 살펴볼 것이다.

● "살아가는 결과를 얻는(resulting in … living out)"

교회에서 기독교교육 프로그램들이 수년 동안 사용해온 학습이론은 지식이 곧 변화와 성장을 이룬다는 믿음이다. 이 학습이론과 함께, 말하고 가르치고 설교하는 것도 주요한 선택 도구들이다. 변화와 성장은 더 많은 종류의 배움들을 포함한다고 믿을 때, 우리는 결과물에 초점을 맞추게 된다. 제자양육코칭은 제자들이 성장과 배움을 통해 참된 변화를 일으키는 데에 관심을 둔다. 만약 코칭이 지식 증진에 그친다면, 그것은 제자양육코칭이 아니다.

● "소명"

이제, 대부분의 제자들은 소명을 단지 직업적, 전문적인 사역자들에게만 해당되는 것으로 보는 협소한 정의에서 벗어났을 것이다. 이제 우리는 모든 제자가 하나님의 부름을 받았다는 것을 안다. 우리는 모두 일반적인 영적 실체로서 부름을 받은 동시에, 모두가 하나님의 사명에 특정한 공헌을 하도록 부름 받았다. 모든 제자들은 부름을 받았고, 각자를 향한 하나님의 소망과 꿈을 이루기 위한 소양을 갖추었다. 제자양육코칭은 제자들이 이러한 소명을 발견하여 그 소명대로 살도록 도와주는 도구이다.

● "더욱 온전하게(more fully)"

　　소명대로 사는 것은 언제 끝이 날까? 그리스도인의 소명은 평생 지속되면서 서서히 변화한다. 현재 나(마크)의 소명은 우리 아이들을 양육하고, 가능한 한 최고의 아버지가 되는 것이다. 어느 시점에 이르면 더 이상 양육은 필요하지 않겠지만(전통적인 의미에서), 삶이 끝날 때까지 아버지로서의 나는 계속 발전해 나갈 수 있다. 소명을 보다 온전하게 이루며 살아갈 여지는 늘 남아 있다. 제자로서 우리의 역할은 항상 진행 중이다. 그리스도인이라는 우리의 소명은 끊임없이 발전하며, 늘 진행형이다.

　　제자양육코칭은 다양한 관점들과 직업들에서 나온 통찰들을 통합하면서 오랜 시간을 두고 진화했다. 예수 그리스도의 제자로서 가진 우리의 믿음이 그 기본 토대이다. 인간 계발과 치유를 위한 직업에 종사하면서 제자도를 적용하는 것이 우리 믿음의 실제적인 표현이다. 건강과 복지 연구를 통해 발전된 심리학적인 핵심 개념들을 배우면서 우리는 긍정적인 성장과 변화에 초점을 맞추게 되었다. 전문적인 코치 훈련은 코칭 직업, 그리고 코칭 원리와 기술의 적용에 대한 이해를 선명하게 해주었다. 코칭 목회자, 교회 직원, 평신도와 팀들을 통해 이루어진 실무 경험들은 창조적으로 제자들을 코칭하게 해주었다. 경험으로 단련된 이러한 제자 양육에의 집중이 제자양육코칭을 낳은 것이다.

지금까지 제자양육코칭이 어떻게 발전해왔는지, 그리고 교회 상황에 맞는 코칭을 위한 특별한 방법이 왜 필요한지 살펴보았다. 자, 이제는 제자양육코칭 대화에 대해 알아보자. 제자양육코칭의 기본적인 흐름은 다음 도표와 같다.

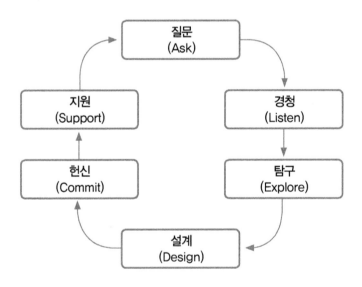

어떤 점에서 보면, 제자양육코칭 모델은 단순하고 기억하기 쉽다. 또 어떤 면에서는, 버거워 보일 수도 있다. 이 책은 독자들이 제자양육코칭을 올바르게 이해하여 사용하도록 만들어졌다. 우리는 독자들이 각각의 구성 요소를 이해하고 실천할 수 있도록 충분히 시간을 들여 설명하고자 한다. 각 부분에서의 활동, 목적, 수단들, 그리고 결과에 대해 배우게 될 것이다. 이 모델을 조금 더 소개하기 위해, 각 구성 요소에서의 기본적인 활동들을 살펴보기로 하자.

- 질문: 활동 – "이 대화를 통해 당신이 얻고자 하는 것이 무엇인가?"라는 간단한 질문으로 제자양육코칭 대화를 시작한다.
- 경청: 활동 – 제자가 하는 말들과 그가 전하려는 메시지의 의미를 경청한다. 마음의 소망들에 대해 귀를 기울일 것.
- 탐구: 활동 – 제자 앞에서 대안과 방안들을 탐구한다.
- 설계: 활동 – 목적 달성을 위한 행동 단계들을 확인한다.
- 헌신: 활동 – 행동 준비가 되었는지를 분별하고, 적절한 행동을 취하는 데 헌신한다.
- 지원: 활동 – 제자가 목적을 달성할 수 있도록 적절한 수준의 지원 계획을 세운다.

다음의 사례는 제자양육코칭이 어떻게 이루어지는지를 보여준다. 이 대화에서 잭은 코치이고 밥은 제자이다. 이 코칭 대화를 끝까지 읽은 후에, 독자는 대화 속에서 제자양육코칭 모델의 각 단계를 분별할 수 있는지 살펴보라.

잭: 밥, 당신과 통화하고 난 후, 나는 우리의 약속에 대해서 계속 생각했어요. 내 기억에 당신은 신앙의 여정, 특히 주일학교 교사로 봉사하는 것과 관련하여

불안을 겪고 있다고 했어요. 자 그럼, 오늘 대화를 통해 어떤 것을 얻고 싶으신가요?

밥: 맞습니다, 전화로 말씀드린 것이 그것이었죠. 코치님과 그 이야기를 나누어 보고 싶어서요. 나는 내가 가르치는 일에 적합한 사람인지 더 이상 확신이 서지 않습니다.

잭: 음…. 그렇다면, 그 얘기를 좀 나눠봐야 할 것 같군요. 오늘 나누는 우리 대화의 결과가 당신에게 어떤 것이었으면 좋겠습니까?

밥: 글쎄요, 다시 교사로 자원봉사를 해야 할지, 아니면 그 일을 다른 사람에게 맡겨야 할지 정말 고민이에요.

잭: 매우 구체적인 질문이네요. 그러니까 당신은 내년 주일학교 교사로서의 소명에 확신을 가지고 싶은 것이군요?

밥: 그렇습니다.

잭: 왜 그런 의문을 가지게 되었는지 좀 더 자세하게 말씀해 주시겠어요?

밥: 두 가지 이유가 있는 것 같습니다. 하나는, 가르치는 일에 대해 불안을 느낀다는 것이에요. 혹시 하나님이 내가 다른 것을 하기 원하셔서 그런 것인지 궁금해요. 그리고 다른 하나는, 학생들의 수업 참여가 활발하지 못하고, 나는 지금 우리의 수업 방식이 학생들을 잘 끌어당기지 못하고 있다는 생각이 들어요.

잭: 알겠습니다, 그러니까 주일학교 교사로서의 소명에 대해 다시 생각하게 만든 계기가 하나 이상이라는 말이군요. 먼저 처음 말한 것부터 설명을 해주세요. 불안을 느끼신다고요?

밥: 네. 수업 준비를 하려고 하면 점점 힘이 빠져서 결국 일을 뒤로 미루게 되고, 준비하기가 정말 싫어져요. 예전에는 그렇지 않았거든요.

잭: 불안하다는 말인가요, 아니면 하기가 싫다는 말인가요?

밥: 글쎄요, 하기 싫다는 쪽이 더 맞는 것 같네요. 다른 어떤 것을 선택하도록 하나님이 나를 인도하시는 것 같지도 않고, 그렇다고 내가 다른 어떤 것을 하고자 열망하는 것 같지도 않고요.

잭: 주일학교에서의 일들이 잘 안 풀리고, 그것이 가르치는 일에 대한 당신의 열정을 꺾는다는 말인가요?

밥: 바로 그거예요. 예전에는 가르치는 일을 정말 좋아했고, 그 일에 은사를 가지고 있다는 말까지 들었거든요. 하지만, 지금은 그런 것 같지 않아요.

잭: 지금 당신의 상황이 그렇다면, 우리가 함께 새로운 가능성들을 찾아보면 어떨까요?

밥: 좋습니다. 지금보다 상황이 나아진다면, 난 정말 가르치는 일을 하고 싶거든요.

잭: 그러니까 당신은 정말로 가르치기를 원하지만, 현재와 같은 방식으로는 아니다는 말이군요. 지금 당장은 가르치는 일에 대한 어떤 결정도 내리지 말고, 일단 검토하고 탐구해 보기로 하죠. 당신은 가르치기를 원하고, 수업 경험을 개선할 방법이 필요하다고 칩시다. 어떻게 시작을 하시겠습니까?

밥: 음… 글쎄, 잘 모르겠네요.

잭: 필요하다면, 제가 몇 가지 아이디어를 제시할 수 있습니다. 그러나 먼저, 당신 마음속에 떠올랐던 생각이 있었나요?

밥: 이것에 대해 학생들과 이야기를 해봐야겠다는 생각이 들었어요. 누군가를 곤란하게 만들고 싶지 않아서 참았지만요.

잭: 당신의 말을 들어보니, 당신은 사람들의 감정에 민감하고 그들을 존중하는 것 같군요. 동시에 당신은 그들이 수업 참여자들이기 때문에 그들의 생각도 중요하게 여겨 들어보고 싶어 하는 것이고요.

밥: 그렇습니다. 그 외의 방법들도 생각해 보았는데, 일단 그것부터 시작하는 것이 좋을 것 같아요.

잭: 좋습니다, 그럼 어떻게 하면 당신이 누구의 입장도 난처하게 만들지 않으면서 그들의 생각을 끌어낼 수 있을까요?

밥: 몇몇 학생들에게 전화를 걸어 말하거나, 익명으로 설문 조사를 하던가, 아니면 이메일을 보낼 수 있을 것 같아요. 잘 모르겠어요. 우리는 매우 친밀한 그룹이었고, 결정을 내릴 때는 항상 전체의 의견을 모아서 했거든요. 이 문제도 반 전체가 함께 섬세하게 다루어나갈 방법이 있었으면 좋겠어요.

잭: 하나의 집단으로 기능하는 것이 당신과 이 학급에게 중요하다는 말이군요. 그럼, 이 문제를 그룹 차원에서 다루려면 당신은 어떻게 하면 될까요? 지금 당장 수행하지는 않더라도 말이에요.

밥: 글쎄요, 우리가 자주 하는 것은 소그룹으로 나누어 토론을 한 후에 다시 모여서 서로 배운 것들을 보고하는 것입니다.

잭: 그럼 학생들은 토론에 익숙하군요. 당신은 그들이 어떤 질문에 대해 토론하기를 원하시나요?

밥: "우리 주일학교에서 잘 되고 있는 것은 무엇인가?" 하는 것과 "바꾸어보고 싶은 것은 무엇인가?" 하는 것이겠지요. 이런 것에 대해 토론을 나눈다면, 누군가를 곤란한 입장에 빠뜨리지 않으면서 문제점들을 탐구하기에 좋은 방법이 될 것입니다. 그리고 사실 나는 그 외 추가적인 생각을 가진 사람은 누구나 수업 후에 나에게 와서 이야기하도록 초대할 수 있어요. 아니면 내가 각자에게 연락하여 추가적인 생각들을 들어볼 수도 있겠지요.

잭: 와우! 지금 당신에게서 온갖 좋은 방법들이 나오고 있네요. 이것은 뭘 의미하는 것일까요?

밥: 좀 더 힘이 나고 흥미가 생기는 것을 보니, 아무래도 이것이 내가 원하는 방식인 것 같아요.

잭: 이 길을 가기 위해 얼마만큼 헌신할 준비가 되어 있나요?

제자양육코칭: 21세기 선교적 교회를 위한 제자들의 공동체 세우기

밥: 95퍼센트. 그것에 대해 먼저 기도를 하고 싶네요.

잭: 좋습니다. 이것을 위해서 내가 더 도울 것은 무엇인가요?

밥: 나중에 다시 와서 내가 배운 것을 코치님과 나누고 싶습니다. 아마 다음 단계를 생각할 수 있도록 코치님이 도움을 줄 수 있겠지요. 이 대화가 정말로 도움이 됐습니다.

잭: 그렇다면 기꺼이 도와드리지요. 이 일을 어느 주일에 할 것인가요?

밥: 19일이 좋을 것 같습니다. 그러고 나서 그 다음 주에 다시 만나면 좋겠고요.

잭: 좋습니다. 지금 그것을 위해서 함께 기도할까요?

이 대화를 통해 당신은 제자양육코칭이 어떻게 해서 그리스도의 제자들을 위한 성장의 기회들을 활성화하는 데 유용한 도구인지를 이해하기 시작했을 것이다. 제자양육코칭에 대해 충분히 설명이 되었으므로, 이제 독자들은 다음과 같은 질문을 하게 될 것이다.

• 어떻게 이것을 우리 교회에서 사용할 것인가?
• 언제 제자양육코칭을 사용할 것인가?
• 어떤 경우에 혹은 어떤 상황에서 제자양육코칭이 유용할 것인가?

좋은 질문들이다.

이 책의 뒷부분에서 우리는 여러분의 교회에서 코칭 운동을 시작하는 방법에 대해 보다 자세하게 설명할 것이다. 여러분의 신앙공동체에서 코칭 문화와 사고방식을 발전시키려면 몇 가지 단계들과 과정들이 필요하다. 일단 지금은 간략하게, 교회의 선교 사역에 제자양육코칭이 도움이 될 수 있는 시기와 기회, 때를 알아보기로 하자.

교회의 상황

여러분의 교회에는 성장할 준비와 자세를 갖춘 제자들이 존재한다. 이들 가운데 일부는 자신이 준비되었다는 것을 매우 잘 알고 성장할 방법들을 적극적으로 찾기도 한다. 또 어떤 이들은 변화할 준비가 되어 있지만, 아직 그것을 깨닫지 못한다. 그들은 각자의 영적인 여정을 가고 있으나, 구체적인 도움을 받아 앞으로 더욱 나아갈 수 있다는 것을 인식하지 못한다. 그리고 교회가 실생활에서의 인격적 변화를 도울 수 있다는 것을 아예 모르는 제자들도 있다. 한 번도 그런 초대를 받아본 적이 없기 때문에 이런 생각을 하지 못 하는 것이다.

위에 그려진 제자들은 모두 제자양육코칭의 제한된 기회들에 가장 좋은 후보들이다. 우리의 경험에 의하면, 제자들의 삶에는 제자양육코칭을 위해 준비되는 특정한 시기들이 있다.

- 사람들이 교회의 삶 속으로 들어와서 섬길 곳을 찾고자 할 때
- 제자들이 믿음 안에서 성장하고자 하는 자신의 소망을 표현할 때
- 제자들이 섬김을 통해 하나님 나라에 공헌하기를 원하지만 방향이나 소명, 그리고 활동에 대해 확실하지 않을 때
- 제자들이 다음과 같은 문제로 도움을 청하면서 목회자, 교회 직원, 또는 신뢰할 만한 동료를 찾아갈 때:
  - 크고 작은 결정
  - 지금 처한 삶의 곤경을 벗어나고자 함
  - 불안, 싫증, 또는 혼란을 느낌
  - 갈등 관계(들)

- 새로운 기술들을 배우거나 새로운 방식으로 성장하고 싶은 욕구
- 섬김을 위한 소명의 분별
- 교회와 교회의 기능에 대한 염려
- 다른 누군가를 변화시키고자 하는 욕구

위의 예들은 교회에서 실생활, 실시간 코칭을 실천할 수 있는 기회들이다. 당신이 훈련되고 준비가 된다면, 당신은 다른 사람들이 이러한 문제들을 극복하면서 그들의 영적 여정에서 앞으로 나아갈 수 있도록 섬기며 도움을 줄 수 있는 위치에 서게 된다.

우리 삶에서 이와 같이 중요한 순간에 도움을 주는 제자양육코칭의 유용성은 쉽게 알 수 있다. 반면, 제자들과 어떻게 그것을 시작해야 하는지를 그려보는 일이 쉽지는 않은 것 같다. 이 일을 하려면 어떻게 생각들을 정리해야 할까? 실제로 제자양육코칭을 실행하려면 어느 손잡이를 잡아당겨야 하는 것일까? 어떻게 하면 교회들이 제자양육코칭을 접목할 수 있는지에 대해 아래에 간략하게 설명이 되어 있다.

● 제자양육 운동

제자양육을 위한 인증코치가 되면, 그 사람은 교회 안에서 제자양육코칭을 하기 위해 다른 사람들을 훈련시킬 수 있다. 제자양육코칭 수업들을 제공함으로써, 참가자들은 교회 안에서 다른 이들을 코치하는 것을 배운다. 그렇게 해서 그들은 숙련된 제자양육 코치들이 된다. 위에서 설명한 것처럼, 이러한 코치들은 코칭을 할 준비가 된 제자들과의 관계를 시작할 수 있게 된다. 이렇게 해서 교회는 준비된 제자들을 위한 준비된

제자양육 코치들로 이루어진 핵심 그룹을 갖추게 된다.

● 새신자들을 준비시키고 힘을 부여하기 위한 집중 과정

"동화(assimilation)"는 교회가 새로운 교인들을 통합하기 위해 종종 사용하는 단어이다. 이것은 조직화된 교회의 필요를 충족시키는 것에 중점을 둔, 조직화와 관련된 단어이다. 제자양육코칭은 제자들을 양육하는 것에 우선적인 관심을 두는데, 이 과정이 조직화된 교회에 필요한 모든 것을 제공해줄 것이라고 믿기 때문이다. 때문에, 새신자들이 여러분의 교회에 들어왔을 때가 바로 제자양육코칭을 하기에 가장 좋은 때이다. 제자양육코칭은 새신자들을 위한 현 과정의 일부로 사용될 수도 있다. 더 좋은 점은, 제자양육코칭으로 시작하는 것이 이 새로운 제자들을 양육함과 동시에, 이들에게 적합한 교회 사역들을 집중적으로 연결시키기 위한 좋은 방향을 제시해줄 것이라는 점이다.

● 사역팀, 특별 전문위원회, 그리고 위원회의 훈련

제자양육코칭은 팀의 형성과 팀의 기능을 강화하는 많은 질문들, 활동들, 그리고 코칭 방법들을 제시한다. 그것은 개인의 목표 성취와 함께 팀의 발전을 돕는다. 보다 효과적인 팀 회의들을 통해 팀의 기능을 향상시키는 것에서부터 팀의 실질적인 목표들을 확인하고 앞으로 나가는 것까지, 제자양육코칭은 공통의 목표를 향해 협력하며 나가는 그룹들에게 도움을 준다.

● 뜻밖의, 우연한 코칭의 순간들

당신이 제자양육코칭을 할 준비가 되었을 때, 성장할 준비가 된 제자들은 당신을 기가 막히게 찾아낼 것이다. 두 가지 이유에서 그러하다. 첫째, 당신은 도움을 줄 수 있는 사람으로 교회가 인정하고 숙련되었기 때문이다. 둘째, 당신은 당신 앞에 열려 있는 사역의 문들을 걸어 들어갈 준비가 되어 있기 때문이다. 다시 말하면, 당신은 제자양육코칭이 필요한 때에 그 필요를 보고 들을 수 있는 눈과 귀를 가지게 된다는 뜻이다. 복도와 주차장에서 나누는 대화들이 제자양육 코치에게는 사역의 기회들이 될 것이다.

● 자기 주도

교회에서 코칭을 하는 제자들과 전문코치들 사이의 큰 차이점은 코칭을 위한 준비가 된 사람들과 그들이 맺는 관계이다. 제자양육 코치들의 눈 앞에는 날마다 기쁨과 도전의 삶을 겪는 수많은 제자들이 있다. 교회로부터 인정을 받아서 제자양육 인증코치가 된 사람은 필요가 생겼을 때 제자들을 권고하여 그들과 코칭 관계를 맺는 것이 매우 적절하고 올바르다. 전문코치들은 대개 교회에서 이런 식으로 매끄럽게 제자들과 이어지지 않는다. 제자양육 코치들은 교회 안의 준비된 제자들에게 코칭 제안을 시작할 수 있고, 또 그렇게 해야 한다.

이제 우리는 제자양육코칭의 단계들을 살펴볼 준비가 되었다. 제2부에서는 이 모델에 대해 배우고, 실습하고, 통합하기 위한 기회들을 제시하면서 각 과정을 설명할 것이다. 우선 잠시 멈추어서 예수 그리스도의 제자로서 성장하고 있는 당신의 장점이 무엇인지를 생각해보기 바란다. 만약 지금 당장 제자양육코칭 대화에 초대된다면 당신은 무엇에 대해 코치받기를 원하는가? 관심을 끄는 도전이나 딜레마, 소망 혹은 꿈이 무엇인지를 알아보라. 이 성장의 기회를 될 수 있는 한 잘 묘사해 보아라. 당신이 찾아낸 그 코칭 아이템을 코칭의 각 과정에 대해 읽어나가면서 연관시켜 보아라. 이 실제 코칭 아이템을 사용하여 제자양육코칭의 각 절차들을 탐구해 보아라.

제자양육코칭: 21세기 선교적 교회를 위한 제자들의 공동체 세우기

실천과 성찰을 위한 질문들

1. 책임성(accountability)은 당신에게 무엇을 의미하는가? 당신은 현재 어떤 책임 관계들을 맺고 있는가?

2. 제자도에 대한 당신의 정의는 무엇인가? 제자도는 그리스도인 각자에게 당연하게 기대되는 것인가, 아니면 그리스도인의 삶에 있어서 선택적인 부분인가?

3. 당신의 교회나 조직에서 어디에 코칭 원리들을 적용하고 싶은가?

제 2 부

질문하기

루이스 캐럴(Lewis Carroll)은, "만일 당신이 어디로 가고 있는지 모른다면, 어느 길이든 당신을 그곳으로 데려다 줄 것이다"라고 썼다. 미국 전 국무장관 헨리 키신저(Henry Kissinger)는 캐럴의 말을 이렇게 바꾸어 말했다. "만일 당신이 어디로 가고 있는지 모른다면, 어느 길이든 당신을 아무 데도 데려다 주지 않을 것이다." 또는 요기 베라(Yogi Berra)에게서 나온 말처럼, "만일 당신이 어디로 가고 있는지 모른다면, 당신은 결국 그 밖의 다른 어딘가에서 끝날 것이다."

이 말들 속에 들어 있는 주된 개념은 의도성(intentionality)이다. 당신은 어디로 가고 있는가? 이루고 싶은 것이 무엇인가? 이 개념을 코칭 대화에 적용한다면, 클라이언트나 제자가 이루고 싶어 하는 것이 무엇인지를 물어보라.

제자양육코칭은 "우리의 대화를 통해 당신은 무엇을 얻고 싶은가?"라는 간단한 질문으로 시작한다. 코칭의 중심이 제자이기 때문에, 제자의 현재에 대한 것부터 대화를 시작한다. 이것이 코칭 대화에서의 첫 번째 단계이고 가장 단순할 수 있겠지만, 그 일련의 반응들이 앞으로 이어질 대화의 방향을 정한다. 이 시점에서 코치는 이 특정 대화에서 제자가 가진 일반적인 바람들을 알고 싶어 한다.

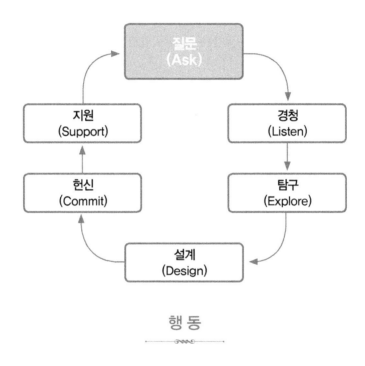

행 동

첫 번째 단계에서 코치는 제자양육코칭 대화는 제자에 관한 것이지 코치에 관한 것이 아니라는 현실을 구축하기 시작한다. 코칭 대화를 통해 얻고 싶은 것이 무엇인지를 제자에게 물을 때, 코치는 제자양육코칭 전체 과정의 핵심을 제시하고 있다. 코치의 유일한 목적은 제자의 목표들이 성취되도록 도움을 주는 것이다.

"우리의 대화를 통해 무엇을 얻고 싶은가?"라고 묻기 전에, 코치는 유대관계를 구축하거나 서먹한 분위기를 깨뜨리는 데(break the ice) 도움이 될 만한 상호작용을 통해 클라이언트를 편하게 해주고 싶을 수도 있다. 어떤 코치들은 이런 상호작용을 "탑승(coming on board)" 활동들이라고 부른다.

코치와 클라이언트가 날씨나 일상에 대해, 혹은 그 밖의 사소한 일들에 대해 대화를 나누다 보면 우호적인 분위기와 관심이 형성된다. 이 "준비(warm up)" 시간에, 코치는 앞으로 전개될 코칭 대화나 제자의 의제에서 빗나갈 수 있는 것은 아무리 중요한 것이라도 질문을 피하는 것이 좋다. 이러한 시간을 주의 깊게 살펴 코칭 시간의 5분을 넘기지 말아야 한다.

대화를 통해 클라이언트가 바라는 것이 무엇인지를 파악하기 위해, 코치는 다음과 같이 여러 가지 방식으로 질문을 해볼 수 있다.

- 오늘 대화에서 얻고 싶은 것이 무엇인가?
- 우리가 함께 하는 시간으로부터 바라는 것이 무엇인가?
- 우리가 함께 하는 시간의 결과물이 어떤 것이기를 원하는가?
- 오늘 이 시간을 통해 바라는 것은 무엇인가?

이러한 활동은 기본적이고, 단순하고, 직접적이며, 제약이 없다. 제자로부터 신중한 반응을 이끌어낼 수 있도록 질문이 매우 의도적이어야 한다. "오늘은 무슨 생각을 하고 있나요?"라고 묻는 것 이상의 의도를 가지고 질문해야 하는 것이다. 이 질문은 긍정적이고, 성장지향적인 방향으로 대화를 진행하기 위해 시작하는 것이다.

이 단계에 익숙해지는 것이 코치에게 주어진 주된 과제이다. 이러한 질문을 하는 것이 어색하게 느껴지는가? 그렇다면, 아마도 그 이유는 클라이언트가 의제를 정한다는 것이 코치인 당신에게는 불편하기 때문일 수 있다. 제자양육코칭 대화는 제자에 관한 것이지 코치에 관한 것이 아니라는 사실을 기억해라. 코치로서, 당신은 그 사람이 하나님께서 바라시는 모습으로 성장하도록 도와주려는 것이다. 당신의 만족은 그 발견 과정의 일부를 담당하는 데에서 나온다.

왜 클라이언트가 그 의제를 정해야 하는지에 대해서는 분명한 이유들이 있다. 다음과 같은 질문들을 자신에게 던져 보라.

- 하나님은 누구에게 가장 먼저, 그리고 가장 많이 이러한 상황들에 대해 말씀하실까?
- 이 문제, 결정, 또는 상황에 대해 누가 가장 많은 정보를 가지고 있나?
- 이 상황의 결과로 인해 가장 많은 영향을 받는 사람이 누구인가?
- 이 상황에 대해 보다 많은 시간을 투자하여 기도하고 생각할 사람이 누구인가?
- 이 상황에서 행동해야 할 책임이 가장 큰 사람이 누구인가?
- 이 상황에서 문제를 해결하고 조치를 취하려는 의욕이 가장 큰 사람이 누구인가?

물론, 이 모든 질문들에 대한 답은 제자이다. 당신이 상담해 주고 있는 그 사람은 그리스도의 주권 아래 있는 자신의 삶과 은사들, 그리고 열망에 대해 누구보다 잘 알고 있는 자기 자신의 전문가이다.

효율적인 리더들과 관리자들은 자신이 다른 사람에게 동기를 줄 수 없다는 것을 일찍 간파한다. 사람은 각자 나름의 이유로 행동을 선택한다. 관리자들이 다른 사람들에게 협박하거나 요구하여 어떤 일을 하게 만들 수는 있겠지만, 사람들은 그 일이 자신에게 유익하다고 판단할 때만 책임감 있게 행동할 것이다. 내적 동기야말로 변화와 성장을 위한 가장 강력한 원동력이다.

코칭 관계와 대화가 진행됨에 따라 기억해야 할 것은 그 제자를 위한 이 발달 과정의 주안점을 유지하는 것이다.

목 적

제자양육코칭은 제자 주도적이기 때문에, 1단계의 목적은 그 제자가 안고 있는 문제를 찾아내어 대화를 진행하고, 제자가 삶 속에서 그리스도인으로서 성장할 수 있도록 도와주는 것이다. 초보 코치들에게는 그들 자신의 사안들을 배제해야 하는 일이 때로는 쉽지 않다. 날마다 우리 중 많은 이들은 사람들과 상호작용을 위한 의제를 만들어낼 책임이 있다. 배우자로서 우리는 상대 배우자에 대해 일정한 기대치를 가지고 있다(말로 표현되었든지 안 되었든지!). 부모로서 우리는 여러 가지 활동들과 결정들에 자식들이 궤도를 유지하게 한다. 감독자로서 우리는 일정을 짜고 계획들을 실행한다.

코칭은 이런 유형의 활동이 아니다. 코치는 과정에 있어서 전문가인 반면, 제자는 그 내용 – 자신에게 중요한 것이 무엇인지 – 에 있어서 전문가이다. 즉 이 특정한 제자 자신이 알고 있다는 말이다. 코치는 제자 자신에게 필요한 것이 무엇인지를 제자가 직접 알아내고, 목표들을 정하고, 그것을 추구해 나갈 수 있는 기틀을 마련해 주는 사람이다.

"질문" 단계의 첫 번째 목표는 이 제자가 코치에게 바라는 것, 혹은 코치를 통해 충족하고자 하는 필요가 무엇인지를 알아내는 것이다. 즉 제자의 목표를 식별하고 평가하는 작업을 시작하는 것이다.

제자양육코칭: 21세기 선교적 교회를 위한 제자들의 공동체 세우기

해결책을 빨리 찾아내려고 하는 것이 당신의 평소 방식이라면, 지금은 속도를 늦추어야 할 때이다. 이것이 바로 코칭이 다른 형태의 치료와 다른 점이다. 지금은 단순히 이 제자가 추구하는 것이 무엇인지를 알아내기 위한 첫 시간이다. 사실, 이 제자는 지금까지 한 번도 자신의 목표들을 말로 표현한 적이 없었을 수도 있다. 그렇기 때문에 좀 더 세밀하게 다듬어 나가야 한다. 제자의 초기 반응에 따라 앞으로의 대화의 어조가 정해진다. 그에 따라서 코치는 목표(들)의 설정 방향을 잡게 된다. 목표에 대한 자세한 사항은 뒤에서 논의할 것이다.

코치가 "오늘 대화를 통해 무엇을 얻고 싶은가요?"라고 질문하면 제자는 비로소 본론으로 들어가려 한다는 것을 안다. 이 질문이 잡담을 거두고 실질적인 대화로 제자를 끌어들이게 된다. 이 질문에 담긴 표현은 분명하게 결과 또는 성과를 지향한다.

코칭은 행동, 변화, 성장에 관심을 둔다. 이것이 코칭이 치료와 다른 점이다. 제자양육코칭 대화에서, 어떤 사람은 목표가 어떤 것을 이해하거나 통찰을 얻는 것이라고 할 수도 있다. 상담이 목적이라면, 듣고 거기서 멈추는 것으로도 충분하다. 그러나 더 나은 코칭의 목표는 통찰을 얻고, 변화의 과정에 그것을 적용하는 것이다. 이해와 통찰은 그 사람의 변화나 성장의 목표(들)을 뚜렷하게 밝히는 과정의 일부이다. 다음과 같은 질문들을 해보는 것이 바람직하다.

- 이러한 통찰을 얻는 것이 당신의 삶에서 어떤 역할을 하게 될까?
- 이러한 통찰의 결과로써 당신은 무엇을 할 것인가?

코치가 첫 번째 코칭 질문, "오늘 대화를 통해 무엇을 얻고자 하는가?"라고 묻는 순간 제자는 특정한 성과와 결과를 추구하는 과정 속으로 들어오는 것이다. 이것은 단순하고 허물없이 나누는 토론이 아니라, 변화를 지향하는 실무적인 대화가 될 것이다.

질문을 위한 도구들

대부분의 제자들은 코칭을 통해서 얻고자 하는 것에 대해 각자의 생각들을 가지고 있을 것이다. 그러나 이따금 어떤 사람들은 깊이 살펴봐야 할 불안감을 안고 있다. 다음의 두 가지 도구들은 제자가 제자양육코칭으로부터 필요로 하는 것이 무엇인지를 확인하는 데 도움이 될 것이다.

우리는 이른바 "30,000 피트 상공에서의 관점"으로 시각화하는 연습을 통해 제자를 돕는다.

당신은 어떤 산기슭에 서 있습니다. 산의 반대쪽에 당신이 이루고 싶어하는 목표나 당신이 원하는 미래의 삶이 있습니다. 눈을 감고, 바라는 목표나 미래를 마음 속에 그려보세요. 어떻게 보이나요? 만약 당신이 그것을 그린다면, 어떤 그림일까요?

이제 헬리콥터를 타고 30,000피트 상공으로 올라갑시다. 당신이 원하는 목표나 미래의 삶이 이제 분명하게 보일 것입니다. 우리의 아래에는 당신의 목표를 이루지 못하도록 가로막는 산이 있습니다. 그 산이 무엇으로 만들어져 있나요? 사람들? 습관들? 배워야 할 것들?

이제 헬리콥터에서 내립니다. 당신이 원하는 곳으로 갈 수 없게 당신을 가로막고 있는 것들이 무엇인지 목록을 만들어 볼까요?

우리가 사용하는 또 다른 도구는 "삶의 균형 바퀴"이다. 이러한 접근법을 통해 우리는 제자들에게 이 바퀴에 표시된 삶의 다양한 영역에 대하여 생각해 보면서 다음과 같은 질문을 해보라고 청한다.

만일 가장 중심에 있는 "1"이 "매우 불만족"을 뜻하고, 바깥쪽 끝에 있는 "10"이 "매우 만족"을 뜻한다면, 각각의 영역에서 당신의 현재 위치는 어디인가?

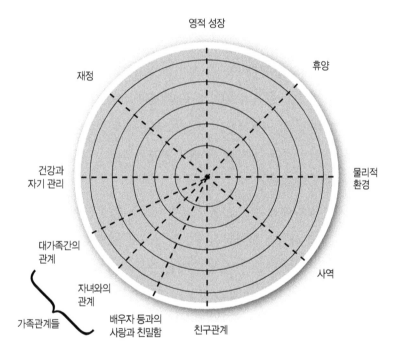

우리 제자양육 코치들은 이 바퀴를 자주 사용한다. 경험을 통해서 우리는 이 활동과 관련하여 특정한 가정을 피해야 한다는 것을 알게 되었다. 낮은 숫자가 나왔다고 해서 그것이 반드시 그 숫자를 올려야 할 필요나 바람이 있다는 뜻이 아니다. 그리고 어떤 영역에서 높은 숫자가 나왔다고 해서 반드시 이 영역에서 완전하다는 것을 뜻하지 않는다.

삶의 균형 바퀴에는 어느 영역의 어떤 특정한 숫자를 고를 때 영향을 미치는 많은 이유와 요인들이 존재한다. 통찰력 있는 제자 양육자는 제자에게 개방형 질문들을 제시하여 제자의 관점에서 해석을 끌어낸다. 이렇게 삶의 균형 바퀴는 제자들이 코칭을 통해 바라는 것과 얻어야 할 것이 무엇인지를 스스로 파악하게 해주는 매우 유용한 도구이다.

결 과

"우리의 대화를 통해 당신은 무엇을 얻고 싶은가?"라는 이 첫 번째 질의 응답의 결과로, 코치와 제자는 이제 제자의 목표를 이루기 위한 길로 들어선 것이다. 이 시점에서는 아직 그 목표(들)가 완전하게 말로 표현되지 않을 수도 있지만, 제자는 이 전체 과정을 위한 의제를 자신이 정하게 된다는 것을 깨닫는다.

코치가 제자에게 주는 선물 가운데 하나는 바라는 것을 말할 수 있는 기회이다. 그 사람이 하나님이 주시는 소명을 향해 나아갈 수 있도록 생각하고, 꿈꾸고, 계획할 수 있는 공간을 코치가 만들어주는 것이다. 그러한 선물을 우리가 얼마나 자주 받겠는가? 이것은 소중히 여겨야 할 뿐만 아니라 적극 사용해야 하는 것이다!

실천과 성찰을 위한 질문들

1. 앞 장의 마지막에서 확인했던 당신의 코칭 아이템에 대해서 다시 한 번 생각해 보라. 그것에 대해서 어떤 새로운 통찰을 갖게 되었는가? 지금은 그것에 대해 처음과 다르게 진술할 수 있는가?

2. 코칭 만남을 기도로 시작하는 코치가 있는 반면, 또 어떤 코치들은 기도로 마친다. 어떤 이들은 두 번 모두 기도하고, 또 어떤 이들은 만남 중에 의례적인 기도를 전혀 하지 않는다. 당신은 코칭에서 기도의 문제에 어떻게 접근할 것인가?
기도가 어떻게 도움이 될까? 제대로 사용되지 않았을 때, 어떻게 기도가 방해가 될 것인가?

3. "우리의 대화를 통해 당신은 무엇을 얻고 싶은가?"라는 첫 번째 코칭 질문에 대해 1에서10까지 등급을 매긴다면 당신은 어느 정도의 편안함을 느끼는가?
이 질문이 어색하다면, 그 이유들을 생각해 보라.

4. 이런 유형의 질문을 통해 어느 한 가지 상황에 집중하게 되고 그로 인해 만족스러운 결과를 얻을 가능성이 높아지는가?

5. 다음 중 두 번째 열의 문장과 첫 번째 열의 활동들을 연결시켜 보라.

1열		2열
멘토링	•	• "당신은 오늘 이 대화를 통해 무엇을 얻고 싶습니까?"
제자양육코칭	•	• "이 지식을 당신과 공유하여, 당신이 알면 좋을 것 같은 그것을 알게 해주고 싶습니다."
영적지도	•	• "오늘 우리의 대화를 통해, 나는 이 분야의 경험에서 얻은 지혜를 당신과 나누고 싶습니다."
컨설팅	•	• "당신의 상황을 살펴본 후 내가 추천하는 것은 이것입니다."
가르침	•	• "당신이 따를 수 있는 영적 훈련에 대해 설명해 드리죠."

경청하기

정신과 의사인 칼 메닝거(Karl Menninger)에 따르면, "경청은 매력적이고도 기이한 것, 창조적인 힘이다. 우리에게 귀를 기울여주는 친구들에게 우리는 마음을 열고 나아간다. 우리가 하는 말을 누군가 들어줄 때, 우리는 창조하고, 자신을 개방하여 확장할 수 있게 된다."

경청은 가장 단순한 코칭 활동들 가운데 하나이고, 가장 어려운 것 중 하나이기도 하다. 경청을 정의해 보라고 하면, 당신은 그것을 쉽게 할 수 있을 것이다. 그러나 이해와 실행은 또 다른 활동들이다. 아무리 우리의 의도가 좋아도, 효과적인 경청에는 항상 장애물들이 존재한다. 슬기롭게 경청하기가 매우 어렵다.

내가(어셀) 겪은 가장 당혹스러운 경험들 가운데 하나는 목회학 박사과정 때의 일이다. 다른 두 명의 학생과 함께 나는 우리 과정에 대해 몇 가지 질문이 있어서 어떤 행정 관계자를 만나고 있었다. 그 사람은 우리에게 주목하기보다, 내내 책상 주변의 서류들을 뒤척이고 달력을 들여다

보곤 했다. 한꺼번에 여러 가지 일을 할 수 있다는 것을 보여주었는지는 몰라도, 우리는 그가 우리에게 주목하지 않았기 때문에 우리가 하는 말도 듣지 않았다고 확신하면서 그 자리를 떠났다. 그의 행동이나 반응들은 그가 우리 말을 듣고 있지 않다는 것을 말해주고 있었다.

당신은 어떤 청취자인가? 우리가 제자들의 말에 귀를 기울일 때, 그 행위는 전체 코칭 대화에 영향을 미친다. 경청은 코칭의 기반이다. 우리가 어떤 다른 단계들에서 다소 미숙할지라도 코칭은 여전히 유익할 수 있지만, 만약 듣는 것에 실패한다면 과정 전체가 위태로와진다. 경청에 실패할 때, 우리는 코칭의 효과를 감소시킨다.

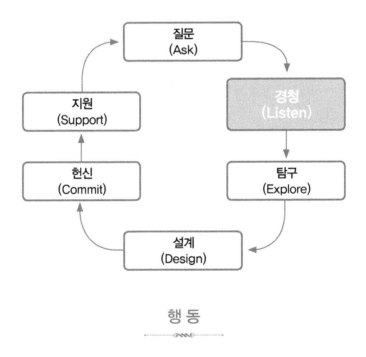

행동

2단계에서 우리의 목표는 제자의 말과 그가 전달하려는 메시지의 의미를 경청하는 것이다. 그렇게 함으로써, 그 제자가 다른 사람에게는 거의 말하지 않았을 자기 마음의 소원들을 찾도록 도와준다. 아마도 처음으로 누군가가 진심으로 자기 말에 귀를 기울여주고 있다고 느낄 수 있는 공간을 우리가 만들어주는 것이다.

제자들을 코칭할 때, 우리는 무엇을 위해 경청하는가? 앞에서 살펴본 정의를 기억하라.

"제자양육코칭은 제자가 더욱 온전하게 소명대로 살아가는 결과를 얻는데 초점을 맞춘 협력적인 관계이다."

간단히 말하면, 우리는 제자들이 목표를 이루도록 도와주려고 경청하는 것이다. 보다 자세히 살펴보면서, 다음의 것들을 기억하라. 성경적이고 신학적인 기반의 결과로써의 제자양육코칭은,

- 제자들이 자신의 소명을 발견하고 보다 완전하게 그것을 위해 살아가고자 할 때, 그들을 지원한다.
- 사람들이 보다 깊고 의미 있는 수준에서 예수님의 제자들이 될 때, 변화의 순간들을 발견하여 도와준다.
- 우리의 가장 깊은 갈망과 소망들을 발견하여, 그것들을 우리의 믿음에 맞추어 수렴하고 그것대로 살아간다.
- 제자들이 그들 안에 내주하는 성령의 음성에 귀를 기울일 수 있도록 도와준다. 그들의 여정, 변화, 소명에 관해 말씀하시는 하나님의 음성을 처음으로 듣게 되는 사람은 바로 제자 자신일 때가 많다는 것을 믿기 때문이다.

목 적

우리가 제자양육코칭에서 경청을 그렇게 중요시하는 이유가 무엇일까? 효과적인 경청을 통해 이루고자 하는 목적은 무엇일까? 다음의 목표들을 살펴보라.

무조건적인 수용을 전달한다.

우리는 아가페(agape), 곧 상대에 대한 완전한 수용의 의지를 전달하고자 한다. 코치는 제자의 삶과 복지에 관심이 있다는 것, 그리고 영적여정의 어디쯤에 와 있든지 그를 수용할 준비가 되어 있다는 것을 보여주어야 한다. 코치는 제자의 입장에서 더 깊은 성찰을 격려하는 무비판적인 자세의 본을 보인다.

보다 깊은 수준의 관계를 맺는다.

우리는 오늘날 너무나 흔히 주고받는 겉치레의 사교적 언사에서 더 나아가, 보다 깊은 수준에서 제자와 관계 맺기를 원한다. 경청의 의지를 보일 때, 비로소 우리는 다른 신자들과의 대화에서 일상적으로 주고받는 "모든 것이 좋아"라는 식의 겉치레 인사를 뛰어넘어 보다 깊은 대화 속으로 들어가게 된다.

제자 자신의 관점을 가질 수 있도록 도와준다.

우리는 제자가 명확한 자신의 관점을 가질 수 있도록 도움을 주고자 한다. 제자의 개인적인 필요들과 소망들을 깨닫게 도와주려면, 그 사람 자신과의 대화를 유도해주어야 한다. 코치는 제자의 가장 깊은 염려들과 바람들을 돌아보면서, 제자가 자신의 "내면의 소리"에 귀기울이게 한다.

안전한 장소를 제공한다.

우리는 제자와 무비판적이고 안전한 관계를 이루고 싶어 한다. 제자는 지금까지 속으로만 말해왔던 것들을 마음 놓고 말할 수 있어야 한다. 코치의 역할은 제자를 비판하거나 평가하는 것이 아니라, 마음 깊이 안고 있는 어려움들과 열망들을 말로 표현하도록 도와주는 것이다.

제자의 책임감에 대해 반복하여 말해준다.

우리는 이 일이 제자의 일이라는 것을 거듭 상기시켜 주고자 한다. 제자는 자기 삶의 염려와 문제들을 스스로 표현하고, 코치는 이러한 표현을 촉진시킨다.

이러한 경청의 결과, 제자는 자신의 이야기를 하고 이해받음으로써 아가페를 경험한다. 코치와 제자의 관계가 강화되므로 의미 있는 대화를 체험하게 된다. 효과적인 경청은 코치와 제자 모두에게 통찰력을 가져다주고, 제자는 다음 단계로 나가기 위한 힘을 얻는다.

코치가 올바르게 경청할 때, 코치와 제자는 점점 더 집중하게 된다. 코칭의 목표와 상관없는 이야기들까지 마음대로 하도록 허용하는 것은 집중적인 경청이 아니다. 코치가 제시하는 좋은 질문들을 통해서 집중적인 대화가 지속된다. 그러므로 코치는 수동적으로 듣는 것이 아니라, 의도적으로 관여하면서 경청하는 것이다. 그런 식으로 도와주어야, 제자는 코칭과 직접적인 관련이 있는 것이 무엇인지를 알게 된다.

코치는 주의 깊은 경청을 방해하는 요소들을 인식해야 하는데, 예를 들면 다음과 같은 것들이다.

- 진단 – 코치가 이러한 태도를 취하게 되면, 경청하기보다는 이 사람의 문제가 무엇인지를 생각하게 된다. 제자의 상황에 대한 최고의 판단자는 제자 자신이다.
- 평가와 비판 – 코치는 판사가 아니다. 코치는 경청하고 질문함으로써 제자로 하여금 그의 행동들을 스스로 평가할 수 있게 해주어야 한다.
- 전략 수립과 문제 해결 – 만약 코치가 경청을 하지 않고, 대신 어떻게 하면 그 염려와 문제가 해결될 수 있을지를 생각한다면, 그는 제자의 책임을 대신 떠맡고 있는 것이다.
- 주의 산만과 공상 – 경청은 상호 작용이므로, 코치는 다른 것에 집중하거나 관심이 표류하는 것을 피해야 한다.
- 심신의 피로 – 코치가 지나치게 피곤한 상태에서는 제자를 돌볼 준비가 되지 않는다.

도구들

능률적인 코치는 경청의 과정에서 어느 정도의 도구들을 사용한다. 직접 대면하여 대화하는 상황일 때는 다음과 같이 진행하는 것을 고려해 볼 수 있다.

1. 코치는 제자와 눈을 맞춤으로써, 그 사람에게 집중하고 있다는 것을 보여준다.
2. 코치는 이 대화를 수용하고 적극적으로 참여하는 마음자세를 기른다.
3. 코치는 노련한 차분함과 편안한 침묵을 보여준다.
4. 코치는 자신에 대해 생각하기보다는 제자에게 집중한다.

5. 코치는 방어적인 신체 언어표현(body language)보다는 수용적인 신체 언어를
   보여준다.

   아래의 질문들 속에 나타나 있듯이, 능률적인 코치는 제자의 중점
사안, 심적 경향, 태도, 기술들, 능력들, 습관들, 행동 양식들, 활력과 장
점들에 대해 주의를 기울인다.

· 제자의 초점이 분명한가, 불분명한가? 자신이 원하는 것이 무엇인지를 그 사
  람이 알고 있는 것 같은가?
· 미래에 대한 제자의 마음자세는 긍정적인가 혹은 부정적인가? 그는 문제점들
  을 보는가, 아니면 가능성들을 보는가?
· 이 제자는 새로운 기술들을 배울 수 있는가? 가르침을 잘 따르는가?
· 이 제자가 발전시킬 수 있는 것들이 있는가?
· 이 제자의 습관들과 행동 양식들이 생산적인가, 비생산적인가?
· 이 제자는 충분한 활력을 보여주고 있는가? 그렇지 않다면, 무엇이 그것을 고
  갈시키고 있는가? 격한 감정이나 반응들?
· 이 제자가 가지고 있는 장점들은 무엇인가?

결 과

   코치가 보여준 효율적인 경청의 결과로, 제자는 자신이 하는 말을
상대방이 잘 들어주었다는 것을 알게 된다. 경청을 위해서 코치 쪽에서는
패러다임의 변화가 필요하다. 목회에 종사하는 사역자들은 반드시 선포
의 사고방식에서 벗어나 코칭의 사고방식으로 바꾸어야 한다.

제자양육코칭: 21세기 선교적 교회를 위한 제자들의 공동체 세우기

선포의 방식은 하나님이 하시는 일이 무엇인지를 분별하고 그것을 다른 사람들에게 알려서 그들로 하여금 하나님의 일에 동참하도록 설득하는 것이 목적이다. 코칭의 방식은 하나님께서 하고 계신 일을 분별할 수 있도록 제자를 이끌어준 후, 그 제자가 하나님이 주신 소명대로 살아갈 수 있게 도와준다.

실천과 성찰을 위한 질문들

1. 경청을 잘하지 못하는 사람을 당신은 알고 있는가? 이 사람과 함께 있을 때, 당신은 말을 아끼거나 혹은 많은 것들을 나누는 것을 아예 포기할지도 모른다. 이 사람이 경청하지 못하는 이유는 무엇일까?

2. 경청을 잘 하는 사람을 알고 있는가? 이 사람과 함께 있을 때, 당신은 생각했던 것보다 더 많은 것들을 나누고, 좀 더 편안하게 마음을 열게 될 것이다. 이 사람이 경청을 잘 하는 이유는 무엇일까?

3. 당신은 경청하다가 한 눈을 잘 파는가? 당신 자신과 당신의 성향을 잘 알고 있는 사람으로서 스스로 생각하기에, 당신의 어떤 행동이 경청에 방해 요소로 작용하는가? 이 물음에 대한 답을 쓰고, 당신의 경청 습관에서 개선되어야 할 부분이 어떤 것인지를 판단해 보라.

4. 무조건적인 경청을 실습할 상대를 찾아라. 당신의 배우자나 자식, 동료, 아무라도 좋다. 이 사람과 함께 적극적인 경청을 연습하라. 코멘트를 하지 말고 대신 질문하라. 이 연습을 통해 배운 것은 무엇인가?

5. 당신의 코칭 아이템에 대해 잠시 생각해 보라. 그것에 대해 다른 사람과 이야기를 나누어 본 적이 있는가? 그 사람의 경청이 당신의 문제들을 명확하게 하는 데 도움이 되었나?

탐구하기

 잰은 지난 18개월 동안 대기업에서 계약직으로 일하면서 가계를 지탱해 왔는데, 다음 달이면 재계약 가능성이 없이 계약이 해지될 판이었다. 그녀의 남편 켄은 강의하던 대학교가 2년 전에 규모를 줄인 이후로 새 직장을 못 찾고 있다. 이제 잰은 집에서 세 시간 거리의 도시에 위치한 조건이 좋은 회사의 취업을 위해 면접을 보려고 한다. 켄과 잰은 그들이 속한 공동체를 사랑한다. 아이들은 즐겁게 학교를 잘 다니고, 조부모들과 친척들도 지척에 살고 있으며, 집도 쾌적하고 안락하다. 하지만 지금은 재정적인 안정이 필요하다. 켄과 잰은 교회가 사람들에게 코칭을 가르치고 있다는 것을 알고, 그들이 처한 상황을 제자양육 코치와 논의할 수 있는지를 알아보려고 한다. 그들의 기본적인 질문은 이러하다. "이와 같은 상황에서 우리를 향한 하나님의 소명은 무엇인가?"

 제인은 꾸준히 교회 활동을 하며 수년 동안 그리스도의 제자로 살아왔다. 지난 9개월 동안, 제인의 영성이 점점 메마르게 되었다. 여전히 교회는 다니지만, 성경 말씀은 그냥 그렇다. 기도는 천장에서 막혀버리는 것 같다. 당신이 얼마 전에 제자양육코칭 훈련을 수료했다는 것을 알게 된 그는, 혹시 당신의 도움을 받아서 영적 여정의 다른 차원으로 나아갈 수 있을지를 알고 싶어 한다.

베스는 집사직에 대한 요청을 받았을 때 깜짝 놀랐다. 교인이 된 지 이제 겨우 3년이고, 직분을 감당하기에는 자신이 부족하다고 느낀다. 그리스도와 이 교회를 사랑하지만, 그러한 일을 할 만한 은사나 능력이 있는지 확신이 없다. 베스는 당신이 그녀를 만나 차를 마시면서, 이 봉사의 기회에 대해 자세히 생각해볼 수 있도록 조언을 해줄 수 있는지를 묻는다.

조시의 옆집에는 흥미로운 부부가 살고 있다. 지극히 외향적인 그들은 항상 조시를 저녁식사에 초대한다. 서로 알고 지낸 지 얼마 되지 않았을 때, 이 부부는 둘 다 교회에서 끔찍한 경험을 했었다면서, 조시의 교회 일에 관해서는 듣고 싶지 않다는 말을 했다. 조시는 그 요청을 존중했다. 그런데 최근 들어, 그들은 조시에게 그의 교회에 관해 묻는다거나, 심지어 신학적인 질문들도 한다. 이전의 요청을 생각하면, 조시는 이런 이야기를 나누는 것이 불편하다. 게다가, 그는 이 부부가 이런 질문들을 들고 나왔을 때 교회가 어떤 반응을 보일지 확신이 없다. 조시는 이런 고민을 해결하고, 또 이런 상황에서 어떻게 접근하는 것이 좋은지를 결정할 수 있도록 당신과 이야기를 나누며 도움을 받고 싶어 한다.

우리는 제자들이 제자양육코칭에 가져오는 셀 수 없이 많은 상황과 고민들, 목표들, 그리고 열정들을 더 길게 열거할 수도 있다. 때때로 제자들은 껄끄럽거나 고통을 수반하는 도전과 관련하여 도움을 받고 싶어 한다. 아마 제자들이 그보다 더 많이 찾는 것은 길잡이나 성장과 관련

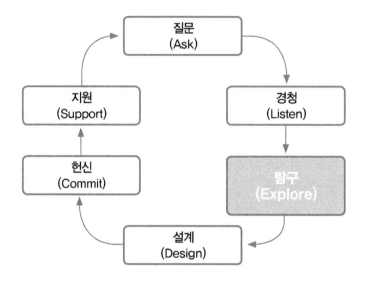

된 코칭일 것이다. 어느 쪽이든 제자양육코칭은 광범위하게 사용될 수 있
는 유익한 모델이다.

행 동

세 번째 단계에서 필요한 행동은 제자와 함께 대안과 방안들을 만
들어내고 탐구하는 것이다. 마음을 터놓는 것, 눈가리개들을 벗겨내는
것, 그리고 여과지를 제거하는 것, 이런 것들이 탐구의 이미지들이다. 제
자는 자기 앞에 놓인 삶과 특정한 문제를 보다 넓은 시각으로 고찰하기
위해서 내주하시는 하나님과 코치가 있는 안전한 곳으로 초청된다. 탐구
를 통해서 우리는 시야를 넓히고, 그로 인해 앞으로 나아가기 위한 대책
들을 발견하게 된다.

목 적

제자양육코칭 모델의 탐구 단계는 몇 가지 목적을 가진다. 제자들은 그들의 시각을 넓히거나, 혹은 길을 선택하거나 문제를 해결하는 데 필요한 추가적인 대안들을 발견할 수 있다. 코치는 제자들의 창의성과 직관이 작동하도록 유도하면서 성령의 활동 공간을 만들어 나간다.

● 코치의 태도

코치의 내적인 태도가 탐구 단계의 진행에 직접적인 영향을 미친다. 실제로 이 단계에 대한 코치의 접근법이 효과에 주된 영향을 미칠 수 있다. 코치가 이 단계를 위해 준비되어 있지 않을 경우에는 제자의 마음을 닫아버려서 질이 낮은 코칭 대화로 귀결될 수 있다. 코치가 탐구할 준비가 되어 있을 때, 제자는 하나님이 그를 위해 예비하시는 것이 무엇인지를 발견하는 새로운 자유를 경험하게 된다.

기 도

탐구를 잘 하려면, 코치가 반드시 영적으로 중심이 잡혀 있어야 한다. 최대한 하나님과 연결되어 있는 것, 그것이 이 단계를 진행하고 성취하는 코치의 능력에 영향을 미친다. "그리스도 안에" 있을 때 우리는 큰 자유를 누리며, 우리가 코치하는 사람들에게 더 큰 자유를 줄 수 있다. "그리스도 안에서" 영적으로 중심이 잡혀 있지 않을 때, 우리는 권위에 매달려 결과를 조종하려고 한다. 코치의 신앙 여정은 효과적인 제자양육코칭의 중요한 일부이다. 코칭 이전, 도중, 이후의 기도는 이 과정의 필수

요소이다. 사도 바울이 쉬지 말고 기도할 것을 권고하며, 제자양육코칭은 이 권고를 실천할 완벽한 기회이다. 효과적인 제자양육 코치들은 기도하고 영적으로 수용하는 자세로 일에 임한다.

성 찰

코치는 반성적인 시각을 도입하여 성찰이 잘 자라고 무르익을 수 있는 관계를 창조한다. 성찰은 뒤로 물러나 삶과 여정을 관찰하는 행위이다. 안전하고 느긋한 사람들은 성찰에 몰두할 수 있지만, 불안하고 초조한 사람들은 그럴 수가 없다. 과도한 압박을 느끼지 않으면서 다양한 방안들을 탐구할 수 있도록 코치는 제자가 안전하고 돌봄이 있는 코칭 관계를 경험할 수 있게 도와준다.

비평보다는 호기심

코치는 사람들, 삶, 그리고 세상에서 행하시는 하나님의 방식들에 대해 호기심을 갖는 태도를 계발한다. 호기심은 사람들과 상황들을 개방시킨다. 호기심을 하나의 자세로 실천하는 코치들은 일반적으로 삶에 대해, 특히 제자들에 대해 아주 훌륭한 학습자가 된다. 자신과 자신의 의견에 대한 코치의 호기심을 경험할 때, 제자들의 관점이 확장될 여지가 생긴다. 평가, 판단, 그리고 과정의 교정은 비평할 때 함께 이루어진다. 탐구 단계에서의 행동은 제자 앞에 놓인 대안들과 방안들을 만들어내고 탐구하는 것임을 기억해라. 유익한 비평이 제자양육코칭에서 필요할 때가 있지만 지금 시점에서는 아니다.

배려하는 무관심

제자가 대안들이나 선택들을 고려할때 코치는 배려하는 무관심 (caring detachment)을 실천해야 한다. 사람들의 말을 듣고 또 그들이 문제를 해결하려고 애쓰는 것을 볼 때, 우리는 대개 도움을 주려고 한다. 돕고자 하는 마음 때문에 자연스럽게 제자들 앞에 놓인 방안들을 평가하게 된다. 그때 코치가 받게 되는 유혹은 자신이 최선이라고 생각하는 것을 선택하도록 제자들에게 공공연하게 혹은 미묘하게 영향을 미치려는 것이다. 하지만 코치는 무관심을 행해야 한다. 이것은 방관하는 태도가 아니다. 오히려 선택할 최선의 위치에 있는 사람이 제자라는 것을 믿어주는 자세이다.

비전을 보는 시각

코치는 탐구 단계에서 제자에게 있는 비전의 영역을 끌어내야 한다. 많은 코치들은 제자들, 팀들, 특별 전문가들 또는 전체 회중이 가지고 있는 잠재력, 곧 비전을 본다. 종종 제자들이 명료하게 깨닫기도 전에 비전을 보는 코치들은 더 큰 가능성을 보여주는 어떤 암시나 단서를 발견하곤 한다. 코칭에서 비전을 보는 능력을 사용하는 것은 정교한 일이다. 비전을 보는 코치들은 제자가 되고 싶어 하는 비전 혹은 하고 싶어 하는 비전을 끌어내는 법을 터득할 수 있다. 제자의 삶에서 처음일지도 모르는 자신을 믿어주는 사람을 발견하는 것은 제자에게 있어 커다란 선물이다. 비전을 보는 코치들이 갖는 위험은 제자들이 해야 할 비전을 보는 작업을 대신해주려는 데에 있다. 너무 들뜬 나머지, 코치가 제자는 알지도 못하고 가지고 있지도 않은 꿈을 대신 꾸면서 그 탐구를 대행하려는 경우가 있다. 코치들은 비전을 보는 기술을 반드시 제자들과 함께 사용해야지, 그 기술에 사용 당해서는 안 된다.

무비판적인 수용

코치는 제자가 제시하는 대안들과 방안들 속에 들어 있는 보다 깊은 의미를 찾고자 노력하면서도 무비판적인 수용성을 실천해야 한다. 그 대안들이 언뜻 보기에는 어리석고 우스꽝스러울 수도 있다. 그러나 무비판적인 코치는 그러한 생각들을 수용하면서 마음속의 비판을 내려놓는 법을 배운다. 대신 코치는 제자의 마음을 사로잡는 그 방안이 어떤 매력이 있는지, 그 이면에 무엇이 있는지를 물어보아야 한다.

내가(마크) 치료사로 돌보았던 어떤 소년은 자신의 딜레마에 대한 해결책들을 궁리하고 있었다. 그 소년이 찾아낸 한 가지 방안은 미국 대통령이 되는 것이었다. 나는 깜짝 놀랐고, 마음속으로 이 아이의 생각을 얕잡아보고 있었다. 하지만 어떤 이유에서인지, 나는 그 아이에게 물어보고 싶은 생각이 들었다. "대통령이 되면 무엇을 할래?" 소년의 대답은 이랬다. "매일 저녁마다 소리 지르며 싸우는 엄마 아빠를 멈추게 만들고 사이좋게 지내도록 가르칠 거예요."

얼마나 놀라운 통찰인가! 그 아이의 "엉뚱한(crazy)" 생각이 좀 더 실행 가능한 방법을 찾는 방향으로 상담 과정을 인도했다. 무비판적인 수용성의 태도를 지닌 코치들은 제자들의 소망과 꿈 속에 들어 있는 의미를 끊임없이 추적한다.

위에서 설명한 내적인 태도들은 별로 이롭지 않거나 심지어는 해로울 수도 있는 행동들을 막아준다. 이러한 유익한 태도들을 익히고 구체적으로 실천하지 않는다면, 다음과 같은 행동들이 제자양육코칭을 방해하거나 틀어지게 할 수 있다.

· 대안들과 선택들을 너무 섣부르게 평가한다.

- 제자가 만들어낸 대안들을 판단하거나 무시한다.
- 너무 빨리 진행하다가 제자의 관점을 확장시킬 기회를 놓치게 된다.
- 차분하게 탐구하기보다는 문제를 빨리 해결하는 쪽으로만 나가려고 한다.
- 제자들의 가치관에 토대를 두지 않은 "의무 조항들(shoulds, oughts, or musts)"을 통해 제자를 제한한다.

● 코치의 질문법

내적인 태도들과 함께, 코치의 질문 방법 또한 탐구 단계의 결과에 중요한 영향을 미친다. 질문은 강력한 효력을 갖는다. 질문이 대화를 이끌어주고, 상상력 넘치는 사고를 유도하며, 사람들로 하여금 가능성에 대해 마음을 열게 한다. 적절한 질문을 하는 것은 일종의 기술이다. 유익한 질문들을 계획하고 활용하는 것은 효과적인 코칭에 필요한 주된 기술이다. 아래의 두 가지 목록은 도움이 되지 않는 질문들과 도움이 되는 질문들 사이의 차이를 보여준다.

도움이 되지 않는 질문들
- 한 단어나 구절로 대답할 수 있는 질문들
- 실제로는 제자에 대한 코치 자신의 바람이면서 탐구하는 듯이 가장한 질문들
- 평가적인 질문들, 혹은 제자를 어느 한 가지 선택으로 몰고 가는 질문들
- 제자가 내놓은 대안이나 방안들을 무시하는 질문들
- 이유를 따지는, 그래서 판단적으로 들릴 수 있는 질문, 혹은 사고의 확장을 제한하는 질문

도움이 되는 질문들

- 당신을 알고 사랑하는 사람들이 제안했던 다른 대안들은 무엇인가요?
- 만약 돈과 시간이 무한정으로 주어진다면, 당신은 무엇을 할 것인가요?
- 만약 당신이 이 딜레마을 위한 완벽한 해결책을 계획한다면 그것은 어떤 것일까요?
- 당신이 친구에게 몇 가지 대안들을 제시하게 된다면, 어떤 것을 고려해보라고 하겠습니까?

위의 두번째 목록처럼 개방적이고 생산적인 질문들을 한다면, 코치가 다음과 같은 탐구 도구들을 효과적으로 활용하는 데 도움이 될 것이다.

도구들

탐구 단계는 효과를 내기 위해 다른 단계들보다 더 다양한 도구들을 사용한다. 이러한 도구들을 사용하기 전에, 위에서 언급한 태도와 관련된 전제조건들을 기억하자. 자세가 갖추어지지 않은 채 이런 도구들을 사용한다면 결과가 뻔하고, 비효과적이며, 지나치게 단순한 제자양육코칭을 낳을 뿐이다. 자세가 갖추어진 제자양육 코치들은 아래의 도구들을 사용하여 제자들과 함께 행동을 진전시킬 수 있다.

기도하라

그리스도는 우리에게 구하고, 찾고, 두드리라고 말씀하신다. 기도가 어떻게 역사하는지를 이해할 수는 없지만, 변화시키는 기도의 능력을 우리는 경험해 왔다. 기도는 기독교 공동체에게 하나님이 주신 큰 선물이다. 동시에, 기도는 성장과 진보를 위해 충분히 사용되고 있지 않는 도구이다. 기도에 관한 몇 개의 질문만으로도 코치는 제자로 하여금 분별하고, 배우고, 대안들을 찾을 수 있게 도와줄 수 있다. 기도는 탐구 단계를 확장시키기 위한 가장 큰 영적 훈련이자 도구이다. 기도를 코칭의 도구로 사용하기 위한 몇 가지 질문들은 다음과 같다.

- 이 문제에 대해 기도할 때, 어떤 방안들이 마음에 떠오르나요?
- 당신이 이 문제에 관해 기도하지 않고 있다면, 그것은 무엇을 의미하나요?
- 이 문제에 관해 기도할 때, 하나님께서 어떤 말씀을 하시나요?
- 이 문제에 관해 기도할 때, 하나님으로부터 어떤 말을 듣습니까?
- 오늘 우리의 대화가 끝난 후에 이러한 방안들에 대해서 어떻게 기도할 것인가요?
- 만약 당신이 말을 멈추고, 잠잠히 하나님의 속삭임을 듣는다면 무엇을 듣게 될까요?

성경을 탐구하라

"우리가 처음 시작했을 때, 나는 정말 암담한 상황에 처해 있었습니다. 나에게 가장 와 닿는 성경 구절은 예수님이 십자가에서 '나의 하나님, 나의 하나님, 어찌하여 나를 버리셨나이까?'라고 하는 대목이었지요. 하지만 지금 나의 처지는 완전히 바뀌었습니다. 나는 친구들이 지붕으로 내려보내어 예수님으로부터 치유를 받은 그 중풍병자와 더 비슷합니다. 나는 병상의 자리를 털고 일어나 희망을 안고 이곳을 나갑니다." 이 제자는 나(마크)에게 우리의 삶들을 정의하는 이미지들, 사람들, 사건들을 보여주고, 그리고 무엇보다 중요한 하나의 이야기를 들려주는 성경의 능력을 떠올리게 했다. 성경을 읽으면서 우리는 제자들로서 하나님의 이야기와 우리들의 이야기 속으로 들어간다. 제자양육 코치들은 성경을 활용하여 대안들을 탐구하고, 제자의 현재 처지를 이해하며, 희망을 심어준다. 이때 사용할 수 있는 몇 가지 질문들이 있다.

- 이 문제와 관련해 어떤 성경 구절들이 당신에게 와닿습니까?
- 이 문제를 생각할 때, 당신은 성경의 어느 인물을 떠올리게 되나요? 그것은 당신에게 무엇을 의미합니까?
- 이 문제를 생각할 때 당신이 피하고 싶은 성경 구절이나 이야기는 무엇입니까? 그것들을 통해서 당신은 무엇을 배울 수 있을까요?
- 이 문제와 관련하여 성경을 얼마나 많이 읽어 보았나요? 이것은 당신에게 무엇을 말합니까?

행동을 늦추어라

우리는 대개 시간이 끝나기 전에 모든 것을 끝내지 못할 것을 두려워하는 사람들처럼 살아간다. 제자들은 종종 번개같이 빠른 속도로 코칭을 받으려곤 한다. 서둘러 해결책을 찾아서 목표를 이루려는 것이다. 코치가 행동의 속도를 늦추어야 제자로 하여금 심호흡을 하게 해주고, 적절한 때에 하나님께서 그를 도와 앞으로 나가게 해줄 것임을 믿으며 살도록 도와줄 수 있다. 이러한 깨달음은 코칭을 응급상황이나 위기 중심의 활동에서 믿음 중심의 활동으로 바뀌게 해준다. 이렇게 될 때 비로소 제자들이 만족스러운 안도감을 표현한다.

제자를 상상의 공간으로 초대하라

삶이 위태롭지 않고 돌봄의 관계가 제자리에 형성되어 있을 때, 제자들은 자신의 창의성에 접근할 수 있다. 이것은 탐구의 단계에서 이루어지는 경험이다. 다음의 시나리오와 같이, 성령은 제약을 받지 않으시며, 상상을 위한 공간이 펼쳐진다.

"당신은 이 두 가지 방안 중에서 선택을 하려는 중입니다. 지금 이 코칭 대화를 하는 동안에 결정해야 한다는 생각을 내려놓는다고 해봅시다. 만일 이 상황에서 우리의 상상력이 자유롭게 움직이도록 놔둔다면 어떤 다른 대안들이 나올 수 있을까요?"

편견 없는 호기심을 허락하라

라이프코치훈련연구소(Institute for Life Coach Training)는 편견 없는 호기심을 이루기 위한 유용한 공식을 가르친다. 그들은 그것을 "성공을 위한 방정식(equation for success)"이라 부르며 다음과 같이 표현한다.

클라이언트의 딜레마를 인식한다
+ 모든 가능성을 탐구하도록 격려한다
− 코치가 가진 모든 대안
─────────────────────────────
= 편견 없는 호기심 (curiosity without preference)

인내하고 침묵을 환영하라

무슨 말을 해야 할지 모를 때, 혹은 다른 사람들이 대화로 공간을 채우지 않을 때, 서둘러 말로 침묵을 채우려는 것이 우리들의 전형적인 모습이다. 제자양육코칭은 코칭 대화에서의 자연스러운 침묵을 그저 자연스러운 것으로 본다. 심지어 제자양육 코치들은 때때로 제자들을 침묵의 순간으로 불러들이기도 한다. 이 방법은 성령에 귀를 기울이거나, 우리 내면의 목소리를 듣기 위해, 혹은 그저 분별해야 하는 고충으로부터 잠시 휴식하기 위해 사용될 수 있다. 우리는 침묵을 코칭의 도구로 삼기를 권한다.

더 큰 그림을 보기 위해서 뒤로 물러서라

비디오카메라는 세부사항을 보기 위한 확대 기능과 큰 그림을 보기 위한 축소 기능을 가지고 있다. 이따금씩 물러나서 보는 것이 특정한 코칭 아이템에 대한 관점을 얻는 데 필요한 원근감을 제공한다. 다음과 같은 적절한 질문들을 제기해 볼 수 있다.

- 만약 당신이 이 딜레마로부터 멀리 떨어져서 보다 큰 시야로 삶을 바라본다면, 무엇을 보게 될까요?
- 이 딜레마가 당신의 삶에 존재하는 다른 요소들이나 원동력과 서로 어떤 영향을 끼칩니까?
- 이 딜레마가 당신의 삶 전체에 어떻게 조화됩니까?
- 이렇게 보다 넓은 시야로 당신의 삶을 바라보았을 때, 이 딜레마에 대해 어떤 생각이 드나요?

관점을 제한하는 규정 요인들을 찾아내라

잘 변하지 않는 실제들이 있다. 우리가 가진 기본적인 성격이나 DNA, 몸의 구조, 그리고 주요한 가치관들이 그런 것에 속한다. 우리가 이런 것들을 깨닫고, 인정하고, 받아들인다면, 우리는 자유롭게 삶을 이어나갈 수 있다. 반대로 제자들은 어떤 특정한 상황들을 사실은 그렇지 않은데 이미 "주어진" 것으로 믿으며 제한하는 규정 요인들을 만들어낸다. 제자가 곤경에 빠져 대안을 생각할 수 없는 상태일 때에 제한하는 요인들을 찾아내는 것은 효과적인 조치이다. 그래야 제자는 이러한 규정 요인들에 대해 어떻게 대응할 것인지를 결정할 수 있다. 기쁜 소식은 이 가운데 많은 것들은 우리 코치와 함께 의식적으로 생각해볼 때 떠올릴 수 있는 요인이라는 것이다.

다른 사람들의 지혜를 구하라

나(마크)는 목회 소명에 대해 나누었던 나의 첫 번째 대화를 기억하고 있다. 신뢰하고 있던 어느 멘토가 말하기를, "목회 사역에 대해 생각해보는 것이 어떤가? 자네에게는 목회의 은사가 있는 것 같은데, 그것이 하나님이 자네에게 주시는 소명이 아닌가 싶네." 이 관찰은 나의 의식 아래 깔려 있던 소명을 일깨우기에 충분했다. 그 말이 와 닿아서 내 마음 속에 있던 그 무엇이 "네"라고 대답했다. 이러한 일이 나에게만 일어나는 것은 아니다. 신앙공동체 안에서 타인이 나의 은사나 재능, 그리고 소명을 나 자신보다 먼저 알아챌 때가 흔히 있다. 제자양육 코치들은 제자들에게 각자가 신뢰할 수 있는 다른 제자들과 함께 자신들의 여정에 대한 생각과 의견을 나누기를 권한다. 수 세기 동안 여러 기독교 신앙의 전통들은 신앙공동체의 집단적인 변별력을 권장해 왔다.

"기적의 질문 (miracle question)"을 하라

해결중심 상담치료법의 발달 초기에 창의적인 상담자들은 "기적의 질문"을 개발해서 내담자들을 상상의 공간으로 불러들였다.

오늘 밤 당신이 자고 있을 때 기적이 일어났다고 생각해 보세요. 자고 있는 동안 가지고 있던 문제가 해결된 것입니다. 내일 아침 눈을 떴을 때, 문제가 되었던 당신의 삶이 당신이 바라던 상태로 바뀌었습니다. 자 그렇다면 당신은 무엇을 하시겠습니까?

기적의 질문이 가진 아름다움의 일부는 융통성에 있다. 나(마크)는 그것을 특정 그룹에 맞게 바꾸어 가면서 개인들, 가족들, 팀들, 태스크포스 팀들, 그리고 교회 회중들에게 사용하고 있다. 기적의 질문은 제자들로 하여금 잠시 그들의 삶에서 한 걸음 물러나서, 그들이 처한 과제들을 이 기적의 프레임으로 바라보게 한다. 이 도구로 인해서, 많은 대안들이 대단한 열정과 새로워진 에너지와 함께 생겨날 수 있다.

시간을 빨리 돌리라(fast-forward time)

미래의 가능성들을 바라보면서, 코치들은 행위에 초점을 둔 상상의 공간으로 제자들을 불러들인다. 대부분의 사람들은 일차원적으로 생각한다. 예를 들어, 만약 내가 A를 하면 B가 따라올 것이고, C도 그 뒤에 가까이 있을 것이다. 역설적으로, 때로는 우리가 앞으로 나아가 B나 C를 행하면 A를 이끌어낼 수 있다. 기대하는 해결책을 행하는 것이 종종 일차원적인 방식에서 거꾸로 작용하여 필요조건들을 끌어낼 수 있게 한다. 이 도구를 예를 들어 사용하면 다음과 같을 것이다.

당신의 삶에서 빨리돌리기 버튼을 눌러서 이 문제나 딜레마가 해결되는 시점에 이르는 상상을 해봅시다. 당신은 그 결과에 매우 기쁘겠지요. 그럴 때 당신은 무엇을 하고 있을까요?

은유와 비유를 활용하라

제자양육코칭은 행동을 지향한다. 소명을 찾아내는 일은 활동의 시작일 뿐이고, 그 다음은 소명대로 살아가는 일이 남아 있다. 변화를 지향하는 은유(metaphors)와 비유(analogies)들은 제자들의 여정을 설명하게 해주면서, 또한 다음 단계로 나아가도록 권면한다. 흔히 성령은 성경에서 바람, 불, 혹은 생수로 비유되는데, 이것들은 모두 변화와 관련이 있다. 이러한 관점은 제자들의 눈을 열어, 고착된 은유와 비유들이 다루지 않은 대안들을 발견하게 해준다. 다음과 같은 예들을 살펴보자.

- 당신이 하이킹을 하다가 교차로에 이르렀다고 해봅시다. 각각의 산책로는 어떤 모습일까요?
- GPS는 때때로 여러 다른 노선들을 보여주기 때문에 당신이 원하는 길을 고를 수 있지요. GPS가 그 각각의 노선을 음성으로 설명한다면, 뭐라고 설명을 할까요?

결 과

탐구는 종종 제자들을 격려하고 흥미를 북돋아준다. 이전 단계에서는 제자들이 자신의 문제에 대한 해결 방안이나 대안이 존재하지 않는다는 생각을 가질 수도 있다. 그러나 탐구를 통해 그들은 시야가 넓어지고 넓은 대로가 앞에 펼쳐지는 것을 발견하게 된다. 선택이 제한된 좁고 어두운 터널을 지나고 있을 때, 코치와의 탐구 경험은 매우 반갑게 느껴진다. 출구가 없어 보일 때 선택 방안이 있다는 것을 발견하게 되면 마음이 자유로와진다. 이제 그 제자에게 길이 생긴 것이다.

탐구는 행동을 이끌어낸다. 코칭은 방향 없이 임의로 흘러가는 대화가 아니라 오히려 변화와 성장에 초점을 맞춘, 목적을 가진 대화이다. 그 과정에서 탐구의 단계는 그 제자 앞에 놓여 있는 다양한 길들과 방법들을 찾도록 도와주며, 그 중에 일부는 제자들이 깨닫지 못한 것일 수도 있다. 이제 제자는 제자양육코칭의 다음 단계인 "설계"로 넘어갈 준비가 되었다.

실천과 성찰을 위한 질문들

1. 당신의 딜레마나 선택할 문제에 대해 다시 생각해 보라. 무엇을 할 지를 생각할 때, 어떤 탐구 도구들이 당신에게 가장 도움이 되는가? 이것은 당신이 생각을 정리하고 배우는 방식에 대해 무엇을 말해 주는가?

2. 지난 일년 동안 당신이 행했던 기독교 봉사나 사역을 되돌아볼 때, 당신의 에너지와 기쁨이 어디에 집중되었다고 생각하는가? 이것이 당신에 대해 무엇을 말해 주는가? 당신의 장점들은? 당신의 소명 은? 이것은 당신이 어떤 사람이고 어떤 사람이 아닌지에 대해 무엇 을 말해 주는가?

3. 코치의 생각에는 실패로 끝날 것 같은 선택을 제자가 하려고 할 때, 코치는 어떻게 해야 할까? 이러한 선택은 비윤리적이지도 않고 불법 적인 것도 아니지만, 제자를 모종의 실패로 인도할 수 있는 좋지 않 은 선택으로 보인다.

설계하기

비전을 찾는 과정이 기운을 돋우어 주었는데, 거기서 끝나는 것이 아니다. 코칭에서 어느 시점이 되면 제자는 자신이 가고자 의도했던 길을 깨닫게 된다. 이 단계까지 오는 동안, 코칭은 가능성 있는 많은 길들과 다

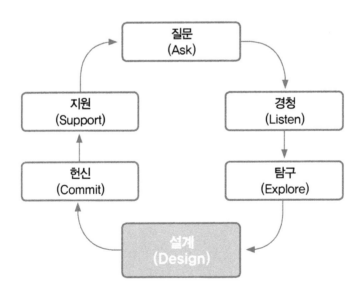

수의 선택 사항들을 만들어왔다. 코칭은 제자에게 지경을 넓혀주는 경험이었다. 이제 제자는 범위를 좁혀가며, 특정한 하나의 방안이나 대안을 찾아가기 시작할 것이다.

행 동

네 번째 단계에서의 행동은 선택하고 설계하는 두 가지 활동을 포함한다. 첫째, 제자는 목표를 좁히고 선택해야 한다. 둘째, 제자와 코치는 목표를 향한 첫 번째 걸음들을 설계한다.

목 적

설계 단계는 추구할 목표를 제자에게 명확하게 보여주고, 이후의 코칭 대화에 방향성을 부여한다. 또한 제자의 목표를 이루어 나가기 위한 첫 번째의 가시적인 행동 방안들을 제시한다.

도구들

설계 단계는 비전의 사람들(visionary persons)에게 특히 중요하다. 대안을 만들고, 비전을 키우며, 꿈들을 뚜렷하게 확인하는 세 번째 단계에 열광하는 비전의 사람들을 우리는 많이 코칭해 왔다. 우리 코치들은 클라이언트들과 함께 꿈꾸는 것을 즐거워하기 때문에, 탐구에 들어가는 일이 쉽게 이루어진다.

비전을 가진 제자들과 코치들에게 주어지는 과제는 앞으로 계속 전진하는 일이다. 목표를 실행하는 것은 말할 것도 없거니와, 그 목표를 달성하기 위한 순서를 정하는 일이 비전의 사람들에게 매우 도전적인 일이 될 수 있다. 제자들이 하나의 길을 택하고, 지금 어디로 가고 있는지 그리고 목적지에 어떻게 도달할지를 알아갈 때, 모든 것이 점차 더 실제적인 상태로 발전한다. 다른 선택 방안들을 제외시키며 그것들에게 작별을 고하는 일이 공상가들에게 고통스러울 수도 있다. 하지만 선택한 길에 대한 헌신이 뒤따라야 하고, 궁극적으로는 실제로 걸음을 내디며 앞으로 나가야 한다. 간혹 비전을 세우는 과정에서 무의식적으로 꾸물대다가 목표에 대한 헌신과 행동이 지연될 때가 있다. 우리는 당신이 네 번째 단계에 들어섰을 때, 비전을 가진 제자들에게서 보일 수도 있는 망설임과 약간의 주저함에 주의를 기울일 것을 당부한다.

목표 선택에 관한 기본 사항들을 살펴보기에 앞서, 타이밍과 속도에 대해 생각해 보자. 제자양육코칭에서 이 시점이 되면 코칭은 그 자체의 생명력을 갖는다. 이제는 이전보다도 더욱, 행동을 강요하기보다 제자양육코칭 과정에 신뢰를 가져야 할 때이다. 설계 단계는 속도의 관점에서 흥미롭다. 때로는 앞으로 갈 길을 분별하는 일이 금방 끝이 나고, 코치와 제자의 의견 교환이 요구된다. 세 번째 단계의 탐구 과정을 거치는 동안, 어떤 제자들은 "아하" 하는 깨우침이나 번득이는 통찰의 순간들을 경험하면서, 자신이 추구하고자 하는 목표를 즉각 분별한다. 이렇게 되면, 선택 방안의 범주를 좁혀가며 시간을 소모할 필요가 없다. 그 제자는 이미 그 일을 달성한 것이다. 이제는 목표를 정밀하게 다듬어 나가면서 다음 단계를 설계해야 한다. 또 어떤 제자들에게는, 이 설계의 단계로 이어질 적당한 방안이 탐구 단계에서 떠오르지 않을 수도 있다.

우리는 그럼 제자들이 앞길을 선택하는 데 어떻게 도울 수 있을까? 선택을 위한 도구들은 무엇인가?

선택 방안들을 재검토하라

이 시점에서 코치는 제자가 찾은 방안들을 정리해 볼 수 있다. 더 좋은 방법은, 제자들이 스스로 그것들을 정리하는 것이다. 코치가 제자에게 이렇게 말하기도 한다. "좋아요, 우리가 논의한 방안들을 다시 살펴봅시다. 읽으면서 검토를 해 주시겠습니까?" 만일 제자가 하나 혹은 그 이상의 방안을 빠뜨리면, 코치는 그것(들)이 포함되어야 하는지를 물어본다. 제자가 그 방안(들)을 이미 제외했을 수도 있고, 혹은 코치가 기억해 내 준 것을 제자가 기뻐할 수도 있다.

방안들을 검토한 후, 이제는 그것들이 적합한지를 평가해야 한다. 제자가 이미 자신이 추구하고자 하는 방안에 대해 번득이는 통찰을 얻는 직관의 순간을 경험한 경우라면 평가는 간단해진다. 그러한 경우가 아니라면 제자는 주로 중심에서 벗어난 방안들부터 신속하게 제거해 나갈 것이다.

이 시점에서 제자를 도울 수 있는 두 가지 그룹의 전형적인 질문들이 있다. 첫 번째 그룹의 질문들은 어느 방안에 마음이 끌리는지를 분별하는 데 도움이 되는 반면, 두 번째 그룹은 지엽적인 방안들을 제거하는 데 도움이 된다.

- 어떤 방안들에게 당신의 마음이 이끌리나요?
- 어떤 방안들이 당신에게 호소력을 가집니까?
- 어떤 방안들에 마음이 기울어지고 있습니까?
- 어떤 방안이 당신에게 딱 맞을까요?

- 보자마자 별로 끌리지 않는 방안들이 있나요?
- 이 방안들 중에서 당신에게 불쾌감을 주는 것이 있습니까?
- 자동 탈락되는 방안들이 있나요?

첫 번째나 두 번째 – 그 순간의 당신의 직관에 따라 선택 – 그룹의 질문들로부터 시작을 해서, 제자는 목록에 들어 있는 방안들을 한 가지 혹은 적은 수로 좁혀 나간다. 코치는 제자에게, 이렇게 해서 남는 방안들 중에서 추가적으로 고려해 볼 만한 것 하나를 고르라고 요청한다.

적합성을 평가하라

삶의 다음 단계를 위한 하나님의 부르심을 생각할 때, 그것을 어떻게 알 수 있을까? 이따금 그것은 내면 깊숙한 곳에서 자라는 자각이다. 하지만 대개 그것을 아는 것은 좀 더 어렵고 까다롭다.

주변 상황, 신뢰하는 사람들의 조언, 지식, 기도, 직관, 성경말씀 등은 하나님의 지시에 귀를 기울이고자 할 때 분별력의 근원이 된다. 혹은 어떤 경우에는, 의사 결정의 한 가지 측면이 다른 측면들보다 더 중요해지기도 한다. 다양한 관점에서 적합성을 평가하는 것은, 제자가 이 목표와 관련하여 가장 중요한 요소들이 무엇인지를 아는 데 도움이 된다.

이 도구는 어느 특정한 방안을 시험해 봐야 한다. 이것은 확정하기 전에 방안을 정밀하게 고려해 보는 방법이다. 사실, 이러한 가정을 명백히 하는 것은 이 방안을 실행하는 것을 상상해 보고 그것이 잘 맞는지를 평가하는 데 필요한 자유를 유지한다. 어떤 방안을 검토할 때는 다음과 같은 몇 가지 관점에서 살펴보아야 한다.

믿음 – 제자는 다음과 같은 질문들을 통해, 그 주요한 방안이 자신의 영적 여정에 얼마나 잘 부합하는지를 평가할 수 있다.

- 이것이 나의 삶에서 하나님이 지금까지 보여주신 것과 일치하는가?
- 돌이켜 볼 때, 이것이 최근 또는 먼 과거에 있었던 나의 경험을 이해하도록 도와주는가?
- 이 방안에 대해 내가 기도할 때 어떤 일이 일어나는가? 영적인 확신이 생기는가?
- 이 방안이 어떤 점에서든 나의 영적 가치나 성경 및 하나님에 대한 나의 이해에 어긋나는 것이 있는가? 그렇다면, 그것은 무엇을 의미하는가?

감정 – 심리학자인 다니엘 골먼(Daniel Goleman)의 연구는 우리의 감성 지능(emotional intelligence)을 포함한 결정이 훨씬 더 적합하고 효과적이라고 말한다. 우뇌형 지성에 호소하는 다음의 코칭 질문들에서 알 수 있듯이, 제자는 자신이 어떻게 느끼느냐에 따라 그 선택된 방안을 평가하는 것이 지혜롭다.

- 이 방안을 시험삼아 해볼 때 당신은 어떤 감정이 드는가?
- 이 방안을 실험할 때 당신의 에너지가 커지는가 작아지는가?
- 이 방안이 옳다고 느끼는 것이 당신에게 어느 만큼이나 중요한가?

논리 – 사고지향적(thinking-oriented)인 제자들은 좌뇌적 지능을 자극하는 다음과 같은 코칭 질문들에 의거하여, 이 방안의 이면에 들어있는 사고의 합리성과 견실함을 평가할 것이다.

- 이 방안이 당신에게 이치에 맞는가?
- 이 방안의 논리는 건전한가?
- 당신이 이 방안을 이해하려면 더 많은 정보가 필요한가?
- 이 방안의 이면에 들어 있는 논리에서 허점이 보이는가?
- 이 방안이 이치에 맞느냐 하는 것이 당신에게 어느 만큼이나 중요한가?

도전과 장애물들 – 선택된 어떤 것이 도전과 난관을 겪지 않은 채 진전할 것이라고 믿는 것은 희망에 부푼 생각이다. 가장 적합한 대안을 선택하더라도 변화와 움직임이 필요할 것이다. 주요 방안을 선택했을 때 내재하는 이런 도전과 장애물들을 고찰해봄으로써, 그것이 과연 추구하기에 적합한 목적인지 분명하게 알게 된다.

- 당신이 이 방안을 선택할 경우 직면하게 될 도전과 장애물들은 무엇인가?
- 이러한 장애물들이 당신에게 얼마나 큰 것들인가?
- 이 방안을 선택했을 때의 이득과 비교해 볼 때 이 장애물들의 크기는 어떠해 보이는가?
- 당신의 삶에 주어진 조건들 가운데 이 방안을 선택하는 것과 상충되는 것은 무엇인가?
- 이러한 도전들과 장애물들이 여기에 있다는 것이 당신에게 무엇을 의미하는가?

실행 가능성 – 자기 삶에 대한 큰 그림을 감안하여 제자는 이 선택의 적합성 여부를 평가한다. 다음과 같은 사항들을 고려해 볼 수 있다.

- 당신의 삶에 이 방안을 적용해 볼 여지가 얼마나 있는가?
- 이 방안을 실행하기 위해 당신이 그 외에 또 바꾸어야 할 수도 있는 것은 무엇인가?
- 당신이 이 방안을 선택한다면, 그밖에 어떤 것이 당신의 삶에서 궤도를 벗어나게 될까?
- 잠재적인 혼란에 대해서 당신은 무엇을 하고 싶은가?

방안들을 재검토하고 적합성을 평가함으로써, 제자는 선택권을 제외하고 남은 다른 방안들 쪽으로 마음이 끌린다. 이 시점을 거치면서 제자는 확실한 선택을 할 수도 있다. 그렇다면, 그 제자는 목표를 발견하여 그것을 가다듬을 준비가 된 것이다. 그렇지 않다면, 제자는 다음의 중간 단계들을 따라야 한다.

- 지금 당장 하나의 방안을 선택하라.
- 반성을 위한 중간 휴식을 취하라.
- 코치에게 하나의 방안을 추천하라.
- 방안들을 하나로 통합하라.

제자양육코칭 대화를 하는 동안 하나의 방안을 선택한다고 해서 끝나는 것이 아님을 기억하라. 우리는 보다 적합한 방안을 위하여 이미 합의된 방안을 버리고 새로운 세션을 시작하는 제자들을 보아왔다. 어떤 때는, 코치와 제자가 하나의 방안에 대해 계속 진행하던 중, 제자에게 그것이 바람직한 선택이 아니라는 생각이 분명해질 때가 있다. 어떠한 선택도 변경이 불가능하거나 최종적인 것이 아니라는 마음 자세를 코치가 포용할 때, 제자 또한 의사 결정에 대해 보다 은혜가 충만한 자세로 접근할 수 있다.

목표를 가다듬으라

지금부터 시작해서 앞으로 우리는 선택 사항들, 방안들, 혹은 대안들에서부터 목표들에 이르기까지 우리의 언어를 바꾼다. 이제 우리는 클라이언트가 목표를 향해 갈 수 있도록 보조한다. 출발하여 달려가기 전에, 목표를 진술하고 그것의 실행 여부를 결정하려면 정제 작업이 보통 필요하다.

수년 동안 코칭계를 회자했던 하나의 도식이 SMART 목표 접근법이다. 목표들을 다듬고 개선하여 실용적인 기회로 만들고자 할 때 이 도구는 아직도 유용하게 쓰인다. 코치들이 처음으로 제자양육코칭을 시작할 때, 그들은 종종 이 SMART 목표 도식을 직접적이고 분명하게 사용한다. 그들은 각 글자가 의미하는 바를 제자에게 설명하고, 이어서 도식을 제자의 목표에 적용하면서 SMART 목표들을 설명한다. 이후, SMART 목표 도식이 좀 더 통합되면, 이것이 코칭 대화의 자연스러운 흐름의 일부가 된다. SMART라는 말의 각 글자를 첫 글자로 사용하여 다음과 같이 다섯 가지 단어를 만들어보면, 실행 가능한 목표에 초점이 맞추어진다.

구체적인(Specific) – 나(마크)의 상담대학원 과정 초기에 교수가 소개해준 것은 상담자가 클라이언트와 함께 특정한 목표를 찾아내려 할 때 요구되는 상담 접근법이었다. 상담 분야에서 이러한 구체성이 갖는 기능은 정서적으로나 정신적으로 비생산적인 무력감의 상태에 빠져 있는 클라이언트를 위한 실용적인 목표에 도달하는 것이다. 목표가 구체적으로 될 때, 우리는 견인력을 얻을 수 있다. 그 목표들이 실행 가능해진다. 제자들을 코칭하는 동안 다음과 같은 질문들을 사용하여 구체성(specificity)에 이른다.

- 당신이 이루고 싶은 것을 좀 더 명확하게 정의할 수 있습니까?
- 당신이 이루고 싶은 것을 한 문장으로 요약할 수 있습니까?
- 이 목표를 통해 이루고 싶은 것이 무엇인지를 보다 구체적으로 말할 수 있습니까?

측정 가능한(Measurable) – 우리는 우리가 가치를 두는 것들을 거의 모두 측정하려는 경향이 있다. 어떤 것을 측정할 때는 우선순위를 정한다. 우리의 발전된 상태나 결핍 상태를 우리들 자신에게 알려줄 방법이 필요하다. 그 지표들(markers)을 알아야 우리가 어디로 나아가고 있는지를 알고 우리의 진보 상태를 측정할 수 있다. 목표를 측정 가능하게 만드는 것에 대한 관심 뒤에 숨겨진 논리를 다음과 같은 질문들이 드러내고 있다.

- 이 목표에 이르렀을 때 당신은 그것을 어떻게 알 것인가?
- 이 목표에 이르렀을 때 당신은 무엇을 하고 있을 것인가?
- 당신은 어떻게든 그 결과를 측량할 수 있는가?
- 이 목표를 향한 당신의 진전 상황을 보여주는 지표들은 무엇인가?

이룰 수 있는(Attainable) – 달성 가능성을 벗어나게 하는 가장 흔한 요소는 자기 힘으로 주체할 수 없는 목표를 정하는 것이다. 제자들이 타인의 결단에 의존해 목표를 정할 때 주로 이런 일이 일어난다. 예를 들면, "나의 목표는 내 남편이 나와 함께 예배에 참석하는 것이다." 이것은 가치 있는 바람이지만, 그 달성 가능성이 제자의 능력에 달려있지 않다. 이런 경우에는 달성 가능성에 대한 질문을 통해 다음과 같이 목표를 보다 실현 가능성이 있는 것으로 개선할 수 있다. "나의 목표는 봄에 교회에서 열리는 부흥회에 남편을 초대하는 것입니다." 제자가 좀 더 실현 가능한 목표를 향해 움직이도록 도움을 줄 수 있는 질문들은 다음과 같다.

- 당신이 이 목표를 통제하여 달성할 가능성이 얼마나 되는가?
- 이 목표를 달성하는 데 방해가 될 만한 "기지의 사실들(givens)"이 당신의 삶에 존재하는가?
- 이 목표를 이룰 수 있는 가능성이 몇 퍼센트나 되는가?

적절한(Relevant) – 존 코터(John Kotter)의 책, 『긴박감』(A Sense of Urgency)이 내(마크) 책장에 꽂혀 있는데, 이 책은 실질적인 변화를 이루기 위해서는 조직에 충분한 긴박감(sense of urgency)이 필요하다는 것을 상기시켜 준다. 팀이나 교회, 가족, 부부나 연인, 그리고 개인 모두 마찬가지다. 나는 SMART 목표들이 갖는 이러한 "적절한" 측면에 "긴박감"이라는 이름을 새로 붙이고 싶다. 왜냐하면 이 단어가 당면한 것의 핵심을 포착하고 있다고 보이기 때문이다 (그러나 SMAUT라고 R대신 U를 쓸 경우 발음하기가 용이하지 않다). 다음과 같은 질문들을 제기함으로써, 코치는 제자로 하여금 이 목표가 얼마나 중요하고 긴박한지를 분별하게 도와주며, 또 그 목표의 적합성을 확정하거나 부당성을 입증할 수 있다.

- 퍼센티지로 나타내면, 당신은 이 목표에 대해 얼마만큼의 긴박감을 느끼고 있는가?
- 이 목표를 무시한다면, 당신의 삶에 어떤 결과가 나타날 것인가?
- 현재 집중적으로 다루어야 하는 보다 중요한 다른 것이 있는가?

구체적인 시간(Time specific) – 이따금 제자들이 우리에게 이런 말을 한다. "나는 당신이 나에게 이 일이 언제까지 이루어져야 하는지를 물어볼 줄은 몰랐어요. 그 질문이야말로 내가 언제 이것을 해야 하는지를 정하는 데 확실히 도움이 됩니다. 보통 나는 이 단계를 생략하거든요." 코칭은 행동에 초점을 많이 맞추기 때문에, 이 목표가 실행되어야 하는 때를 제자가 알게 도와주어야 보다 실행 가능성이 큰 목표를 낳게 된다. 다음과 같은 질문들이 포함될 수 있을 것이다.

- 이 목표가 이루어질 것으로 예상하는 시기는 언제인가?
- 단순히 이 분야에서 표면적인 변화를 일으키는 것이 아닌, 장기적으로 지속 가능한 습관을 형성하는 데 어느 정도의 시간이 걸릴 것인가?
- 첫걸음을 떼기 위한 당신의 스케줄이 무엇인가?

첫 단계들을 식별하라

제자의 목표는 SMART 목표 도식을 통해 구체적으로 다듬어졌다. 이제 제자는 목표를 이루기 위한 첫 단계들을 식별할 준비가 된 것이다. 코치와 제자가 이제 그 첫걸음을 식별하는 작업에 착수한다.

이 첫 단계를 식별하는 작업은 삼십 초가 걸릴 수도 있고, 혹은 전체 코칭 세션을 세 차례 되풀이해야 할 수도 있다. 다시 말하면, 목표가 과정을 주도한다고 할 수 있다. 목표의 상대적 크기와 무게가 이 네 번째 단계인 설계 과정을 주도한다. 목표들을 거시적 목표와 미시적 목표로 나누는 것이 다음 단계를 설계하기 위한 견인력을 얻는 데 도움이 된다.

거시적 목표들은 제자의 삶을 큰 그림으로 보여준다. 성취하기 위해서 상당한 시간과 주의가 요구되는 장기적인 목표들이다. 예를 들면 다음과 같다.

· 내 삶의 다음 단계를 향한 하나님의 소명을 분별할 것.
· 직업적인 사역을 시작하도록 부름을 받았는지를 분별할 것.
· 하나님이 나를 어떤 직업으로 부르시는지를 찾을 것.
· 나의 박사 과정 연구 분야를 찾아서 학위를 마칠 것.
· 우리 교회 부지에 비영리 신앙상담센터를 세워서 발전시킬 것.
· 나의 형제와의 관계를 회복할 것 (십오 년 동안 소원하게 지냈다.)
· 배우자와 함께 지내는 것을 즐거워할 수 있도록 결혼생활을 개선하거나 회복시킬 것 (결혼 상담을 해줄 사람을 추천받아야 할 수도 있다).

미시적인 목표들은 특정한 활동, 주변 상황, 프로젝트 또는 관계에 초점을 맞춘다. 이것들은 단기적인 목표들로서 매우 집중하여 보다 즉각적인 행동을 취할 것을 요구한다. 목표 성취를 위한 첫 단계들을 취하기 위해서, 제자양육 코치들은 제자가 거시적인 목표들을 미시적인 목표들로 세분화하도록 도와준다. 예를 들면 다음과 같은 것들이다.

· 올 가을 교회에서 수요일 저녁마다 열리는 교육에 대한 하나님의 인도하심을 분별할 것.
· 이 세 곳의 신학교 중에서 나에게 가장 좋은 신학교를 선택할 것.

- 심장외과나 심장 연구 분야의 전문의가 되도록 부름을 받았는지를 결정할 것.
- 다음 주 금요일까지 박사학위 논문의 서론을 완성할 것.
- 우리 공동체에 비영리 신앙상담센터를 세울 필요가 있는지를 알아볼 것.
- 목요일까지 맑은 정신으로 이 작업을 마무리할 것.
- 내일 나의 형제에게 전화를 걸어서 그가 원하는 시간에 차를 함께 마시자고 할 것.
- 다음 달에 있을 부부수련회에 참석하는 것에 대해 배우자와 함께 결정할 것.

그럼, 제자의 목표가 거시적이냐 미시적이냐에 따라 어떤 차이가 생기는 것일까? 어떻든지 간에 코치가 하는 일은 같지 않나? 그렇기도 하고 아니기도 하다. 코치는 코칭을 하면서 이 시점에서의 자신의 역할에 대해 매우 분명해야 한다. 코치의 역할은 제자가 다음 단계를 취할 수 있도록 도움을 주는 것이다(만약 당신이 컨설턴트라면, 당신의 역할은 현재에서부터 거시적 목표를 성취할 때까지의 모든 단계를 위한 과정을 설계하는 것이 될 것이다).

제자는 그것에 대해 말하고 그것에 시간과 주의를 기울이고 싶어 할 것이다. 보편적으로, 코치들은 변화와 행동을 일으키는 데 보다 더 관심을 둔다. 제자가 정말로 처음부터 끝까지 보다 장기적인 과정을 설계하기를 원할 때, 코치는 매 코칭 세션들 사이마다 제자에게 이 작업을 하도록 요구할 수 있다. 그러면서, 코치와 제자는 행동을 추진할 다음 단계를 찾아나가게 된다.

제자가 거시적 목표에 집중할 때, 코치는 그 목표를 실행 가능한 단계로 세분화하도록 도와준다. 다음과 같은 질문들이 제자가 변화와 행동에 착수하는 데 도움이 될 수 있다.

- 그 목표를 향해 당신이 취할 첫 번째 단계는 무엇인가?
- 시작은 어떻게 할 것인가?
- 당신이 취해야 할 다음 행동은 무엇인가?

　보통, 후기 단계들은 초기 단계에 의존하기 때문에, 미리 앞서서 정확한 계획을 세우기는 거의 불가능하다. 코칭은 삶의 조직성(systemic nature)을 수용하여, 앞에서 이루어진 행위가 이후의 행위에 다양한 방식으로 영향을 미친다는 것을 인정한다.

　당신은 "코칭 대화의 시작"에서 코치와 제자로 등장했던 밥과 잭을 기억할 것이다. 거기서 코치가 한 일이 바로 설계하기였음을 확인하기 위하여, 77~81페이지를 다시 읽어보라.

행동 단계를 설계하라

　제자양육코칭은 코치 중심이 아니라 제자 중심임을 기억하라. 제자는 다른 단계에서처럼 네 번째 단계에서도 할 일이 많다. 네 번째 단계에서 코치는 두 가지 도구, 즉 듣기와 명확한 질문들을 사용하여, 제자가 다음 단계를 설계할 수 있도록 돕는다.

　"누가-무엇을-언제-어디서-어떻게"라는 질문들은 제자와 함께 다음 단계를 설계하는 데 유용한 모형을 제공한다. 행동 단계가 이 의문대명사의 각각에 있는 기준에 맞을 때, 제자는 이 행동 단계를 성취할 준비를 갖추게 된다. 코치는 제자의 목표를 경청하면서, 이러한 질문들을 통해 그것을 정교하게 다듬어준다.

　무엇을? – 코치가 제자와 함께 다음 단계를 찾는다. 코치는 다음과 같은 질문들을 사용할 수 있다.

- 당신의 목표를 이루려면, 다음 단계는 무엇인가?
- 어디에서 시작할지와 관련하여 당신은 어떤 실마리를 가지고 있는가?
- 지금 당장 이 목표를 위해 일하기 시작한다면, 당신은 무엇을 먼저 할 것인가?
- 우리가 이야기를 하는 동안 어떤 행동들이 마음속에 떠오르는가?
- 우리의 대화를 빨리돌리기 해서 다음 시간으로 넘어갔다고 치자. 당신이 대화 중에 한 모든 것들에 대해 얼마나 기뻐하고 있는지를 나에게 얘기하고 있다면, 당신은 과연 무슨 말을 하고 있을까?

누가? – 목표와 마찬가지로, 행동 단계 역시 달성 가능하고 우리가 해낼 수 있을 때 현명하다. 그 행동 단계가 제자의 행동과 참여를 수반할 때 비로소 실현 가능한 것이라고 볼 수 있다. 만약 그 행동 단계가 다른 사람들이 어떤 것을 하게 만드는 데 초점이 맞춰져 있다면, 그것은 대부분 제자의 통제 능력을 벗어나게 된다. 우리는 우리 자신을 책임지는 것이지, 다른 사람들의 삶을 관리하는 책임을 지는 것이 아니다. 또 한 편으로, 우리는 영향력을 갖는다. 그래서, 제자는 다른 사람과의 관계를 통해 자신을 유익하게 관리할 수 있다. 자신을 잘 관리할 때, 우리는 큰 영향력을 갖는다. 자신을 잘 관리하지 못할 때, 우리는 큰 혼란을 초래할 수 있다. 누가 관여하는지를 물어봄으로써, 이 행동 단계가 제자의 통제 아래 있는지를 검토하라.

어떻게? – 이제 당신은 제자가 무엇을 할 것이고, 누가 그 일에 연루될 것인지를 안다. 그 다음 질문은 이 일이 어떻게 행해질까 하는 것이다. 그것은 아주 단순할 수도 있고, 많은 복잡한 단계들을 거쳐야 할 수도 있다. 과정 전체를 다 알 필요는 없다는 점을 기억해라. 우리는 다음 단계만 알면 된다. 단계들이 세분화되면 제자도 더 구체적으로 행동을 모색한다. 또한, 제자가 코치와 함께 하는 동안 예상되는 장애물들에 대해서도 검토해 볼 수 있다.

언제? - 행동 단계가 언제 완료되는지를 알아내는 것이 코치가 할 수 있는 가장 유익한 행동 가운데 하나이다. 가끔씩 코치가 타임라인을 포함하는 것을 잊어버리는 바람에, 제자에게 유익한 동기부여를 못하는 경우가 있다. 다음 화요일 정오에 행동 단계가 완료될 것이라고 제자가 표명한다면, 그 제자는 이 행동을 위한 조건과 한계를 알고 있는 것이다. 타임라인을 명확하게 해야 제자들은 이 행동 단계를 성취하기 위한 준비를 갖추게 된다.

결 과

제자는 목표 달성을 향한 첫 번째 행동 단계(들)와 함께, 확인되고 구체적으로 다듬어진 목표를 가지게 되었다. 이제, 제자는 각 단계들을 실행하면서 목표 달성을 향해 행동을 취할 준비가 되었다.

실천과 성찰을 위한 질문들

1. 결정을 내려야 할 때, 우리는 대개 우리의 성품과 삶의 경험을 토대로, 우리 자신의 한 부분을 가지고 결정하려는 경향이 있다. 앞에 "적합성을 시험하는" 부분을 다시 한 번 살펴보라. 당신이 방향에 대한 결정들을 내릴 때, 이 접근 방법들 중에서 당신에게 가장 자연스러운 것은 어느 것인가? 결정을 내릴 때 당신은 어떤 방법으로 이끌어 가려는 경향이 있는가? 이제, 이것을 안다는 것은 당신에게 어떤 의미가 있는가?

2. 코칭 과정을 거치는 동안 우리가 제자들로부터 들어온 목표들은 아래와 같다. 각 목표를 살펴보면서, 이것이 SMART 목표인지를 물어보라. 아니라면 그것을 SMART 목표로 바꾸는 시도를 해보라.
   - 나는 다음 여섯 달 동안 설교의 질을 향상시키고 싶다.
   - 내년에는 정말로 말씀 안에 거하고 성령의 능력으로 살아가는 하나님의 사람이 되고 싶다.
   - 1월 15일까지, 나는 내 자식들이 지금보다 50 퍼센트 더 많은 시간을 부모인 우리와 함께 대화하며 보내게 하고 싶다.
   - 나는 매주 따로 시간을 내어 연습해서 기타 연주 실력을 향상시키고, 6월에 있을 컨퍼런스에서 연주하고 싶다.

3. 목표들을 정하면서 당신은 어떤 경험을 해왔는가? 그것이 생산적이었나, 비생산적이었나? 그 이유는?

4. 장애물을 만났을 때 당신은 어떻게 하나? 대안들을 찾아내는가? 만일 그러하다면, 어떻게?

헌신하기

제자양육코칭에서 이 시점에 이르는 동안, 당신은 제자와 실질적인 관계를 형성해왔다. 코치로서 당신은 이 사람에게 가장 중요한 것이 무엇이고 그의 마음 깊은 곳에 무엇이 있는지를 물었다. 당신은 그의 소명 의식을 탐구하였고, 그의 삶에 성령이 말씀하실 공간을 만들었다. 당신은 그의 말을 경청하면서, 그 말들 속에 숨어 있는 소망과 꿈과 갈망들을 찾아내고자 애썼다. 제자는 이전에 다른 누구와도 얘기해 본 적이 없는 경험들과 야망들, 그리고 소망들을 나누었다. 당신은 여러 대안들과 다른 길들을 탐구하며, 이러한 방안들의 적합성을 평가했다. 제자는 하나의 목표(SMART 목표)가 있으며, 목표 성취를 향한 첫 단계를 안다. 그렇게 여기까지 왔고, 이제 앞으로 일어날 일에 극적으로 영향을 미칠 두 개의 중요한 단계가 남아 있다.

변화에 대한 합의 사항들 가운데 훌륭하게 만들어졌음에도 불구하고 실행되지 않는 것들이 얼마나 많은가? 제자양육코칭의 이 시점에서는

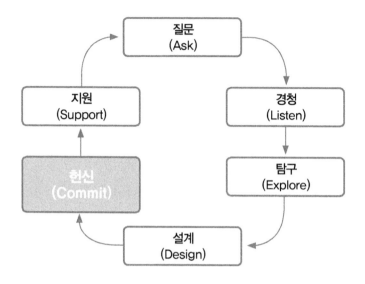

시작을 위한 하나의 행동 단계가 제자를 기다리고 있다. 하지만 이 제자가 정말 방아쇠를 당기고 싶어 하는가? 행동을 취할 준비가 되어 있는가? 이 행동이 과연 그에게 얼마 만큼이나 중요한가? 피할 수 없는 장애물들을 극복하기에 충분할 만큼 중요한가? 그 제자의 주저함은 어느 정도인가? 이러한 질문들을 꺼내지 않았거나 혹은 꺼냈는데 무시되었다면, 제자는 이 행동 단계를 성취하지 못할 가능성이 있다.

예리한 제자양육 훈련 코치들은 이런 질문을 할 수 있다. "왜 코치가 헌신에 관심을 가져야 할까? 제자양육코칭은 제자가 주도하는 것 아닌가? 그렇다면, 제자가 행동 단계에 헌신하느냐 마느냐 하는 것이 왜 코치에게 문제가 되는 것일까?" 이번 장에서는, 어떻게 헌신이 행동을 이끄는지, 그리고 왜 이것이 코치의 관심 대상이 되는지를 배울 것이다.

코칭 과정에서 이 시점에 이르는 동안 상당한 진보가 이루어졌다. 이제 코치와 제자는 첫 번째 코칭 대화의 끝을 향해 나아가고 있다. 제자는 자신이 원하는 것을 말하였고, 이루고자 하는 하나 혹은 그 이상의 목표를 설명했으며, 이제 그 결과를 위해 노력을 기울이고 있다. 코치는 제자의 목표 그리고 이 행동을 둘러싼 하나님의 인도하심에 대한 그의 감각에 맞추어 행한다. 이 단계에서 코치는 그저 제자가 이미 행하기로 결정한 것을 할 수 있게 보조해 주기만 하면 된다. 그 목표를 소유한 사람은 코치가 아니다. 코치는 목표를 이루기 위한 과정을 촉진하는 사람이다. 목표를 향해 나아가는 일은 제자가 하는 것이다.

다섯 번째 단계에서는 코치가 제자를 더 높은 헌신으로 이끌어 내면서, 제자가 결정한 것을 실행하게 한다. 다섯 번째 단계에서 제자가 주도할 때 제자양육코칭은 본래 성격에 충실할 수 있다.

행 동

다섯 번째 단계의 행동은 코치가 제자를 도와서 행동을 위해 준비가 되었는지를 확인시키고, 목표를 향한 다음 단계에 헌신할 수 있게 만드는 것이다.

목 적

어떤 코칭 모델들은 헌신에 대한 집중도를 최소화하거나 심지어는 헌신을 전체적으로 무시한다. 코치들 자신이 제자양육코칭의 다섯 번째 단계를 잊거나 무시하는 때도 있다. 우리 경험에 의하면, 자신의 헌신의 수준을 명확하게 하고 자기가 의도하는 바를 말로 표현하는 제자들이 다른 제자들보다 더 많은 진보를 이룬다. 다른 사람을 증인으로 삼아서 어떤 행동에 헌신하는 것은 분명한 추진력을 갖는다. 유대 선조들의 전례를 가진 기독교 전통은 하나님과 아브라함, 하나님과 모세, 하나님과 다윗, 결혼 언약, 하나님과 교회의 언약 등 수많은 언약들과 합의들을 담고 있다. 이 헌신 단계는 언약의 수준까지 이르지는 않지만, 행동에 대한 합의라고 볼 수 있다.

행동을 취할 준비를 명확히 하도록 도우라

제자가 100퍼센트 행동할 준비가 되었다고 가정하는 것은 종종 오산일 수 있다. 제자들이 다음 단계를 실행할 준비가 되어 있지 않을 수 있다고 보는 중요한 이유들이 있다. 중요한 관계들에 대한 파급 효과가 클지도 모른다. 혹은 이 행동으로 인해 삶의 다른 영역에서 치러야 하는 대가들이 망설임을 초래하기도 한다. 때로는 제자 자신이 이러한 진보를 이룰 자격이 된다는 것을 믿지 않는 경우도 있다. 삶이 그렇게 선할 수 있다고 믿지 못하는 것이다. 망설임의 이유가 무엇이든 행동에 대한 주저함 그 자체에 대하여 코칭을 할때 주의를 기울여야 한다.

헌신의 수준을 높일 기회를 제공하라

이 시점에서 우리는 제자들의 헌신 수준을 끌어올리려고 종종 아래와 같은 퍼센티지 질문들을 사용한다. 이 단계는 성취의 가능성을 높여주며, 방해물들을 예상하여 그것들을 열린 문으로 전환하는 도구가 된다.

- 0부터 100까지의 퍼센티지로 나타냈을 때, 당신은 이 행동 단계를 성취하기 위해 얼마나 헌신할 준비가 되어 있는가?
- 그 퍼센티지는 당신이 이 행동을 성취할 수 있을 만큼 충분히 높은가? 아니라면, 당신을 가로막는 것이 무엇이며, 당신은 그것에 대하여 어떻게 하고자 하

는가?

목표를 포용하거나 수정할 기회를 허락하라

　　행동 과정에 헌신할 기회를 제공하는 것은 위험성을 고조시킨다. 제자가 아직 자신은 이 행동에 헌신할 준비가 되어 있지 않다고 결정내릴 때가 있다. 준비가 되어 있지 않다면, 주의를 기울여야 할 선행 목표가 있을 수 있다. A를 이루기 전에, 그 제자는 먼저 B를 이루어야 할 필요가 있을 수 있다는 말이다. 헌신의 수준을 살펴보는 과정을 통해서, 제자는 앞서 정한 목표에 선행하는 다른 목표가 사실상 첫 번째 단계임을 깨닫게 된다. 이것은 목표의 변경으로 이어질 수 있다.

목표의 적합성을 분명히 하도록 도와주라

　　다섯 번째 단계의 또 다른 목적은 이것이 적합한 목표인지를 재차 분명히 하는 것이다. 이 헌신에 관한 대화를 통해서 제자는 다른 목표가 더 중요하다는 결정을 내릴 수도 있다. 앞으로 나갈 준비가 되어 있는지를 살펴본 제자가 자신의 여정과 더 관련이 있는 (이전과) 전혀 다른 목표로 옮겨가는 것을 우리는 보아 왔다. 결국, 다섯 번째 단계는 잘못된 방향으로 출발하기 전에 잡아주는 안전망 구실을 한다.

도구들

　　다섯 번째 단계를 촉진하는 주요한 도구는 질문을 하는 것이다. 아래의 질문들은 헌신을 명확하게 하고 강화하고자 할 때 유익하다.

- 0부터 10까지의 척도에서, 당신은 이 행동 단계에 헌신할 준비가 어느 만큼 되어 있나요?
- 0부터 100까지의 퍼센티지 척도에서, 당신은 이 행동을 성취할 준비가 어느 만큼 되어 있나요?

제자가 행동을 취할 준비가 되어 있지 않을 때, 심지어는 다음 단계를 정한 후에라도, 다음의 것들을 해야 한다.

목표를 검토하여 그것이 정말로 적합한지를 보라

이 단계의 목적은 헌신, 즉 제자에게 그의 목표를 수용하거나 변경할 기회를 주는 것임을 기억하라. 우리의 믿음을 실천할 시간이다. 제자양육코칭은 분별의 과정이다. 제자양육코칭을 통해서, 우리는 서서히 펼쳐지는 믿음의 여정을 더욱 잘 증거할 수 있다. 이 렌즈를 통해 살펴봄으로써, 우리가 이전에 정한 목표에 갇히게 되는 것을 피할 수 있다. 삶이 그렇듯이 코칭은 매우 유동적인 과정이다. 지금 이 헌신 단계는 제자가 자기 목표의 명확성을 다시 한 번 점검해보기에 완벽한 시간이다. 제자는 앞으로 나아가기 전에, 세 번째 단계인 탐구 과정을 다시 한 바퀴 되풀이해야 할 수도 있다.

이 행동 단계에 대한 헌신을 강요하지 말라

코치로 성장하는 초기에 대부분의 코치는 제자양육코칭 모델의 여섯 단계를 모두 마쳐야 한다는 긴박감을 느낀다. 그 모델을 익히고 나면 제자들이 그들의 목표를 향해 즉각 나아가는, 매우 순차적이고 순조로운 코칭 대화를 우리는 상상한다. 때로는 그런 일이 일어나기도 한다. 그러나 코치로서 우리의 첫 번째 우선순위는 그 모델을 완수하는 것이 아니다. 우리의 첫 번째 우선순위는 제자들의 믿음의 여정 안에서 그들을 도와주는 것이다. 그 모델을 완전하게 실행해야 한다는 당위감으로부터 벗어나는 것이 효과적인 코칭을 위해서 중요하다. 코치들은 제자들에게 헌신을 강요하는 것이 아니라, 배려하는 초연함을 유지한다. 말로나 혹은 마음속으로 제자들을 비판하는 것이 아니라, 그저 우리의 호기심을 더 키우는 것이다. 호기심의 창으로 바라볼 때 관심과 돌봄, 그리고 허심탄회하게 마음을 나누며 발견에 이르게 된다. 이러한 접근법이 비판과 통제라는 미끄러운 경사면으로부터 코치를 건져내어 준다.

주의력의 초점을 다시 맞추고, 이중 감정을 탐구하라

헌신의 목표는 행동 단계를 전후해서 생기는 망설임을 탐구하는 것이다. 우리는 망설임, 혹은 동일한 대상에 대해 생기는 이중 감정을 탐구하는 데에 얼마든지 필요한 만큼 시간을 투자한다. 그만큼 중요한 일이기 때문이다. 이것이 목표가 되며, 그리고 이것은 일 회 이상의 코칭 대화를 필요로 한다.

우리는 여러 가지 뜻하지 않은 사태가 발생할 때에도 당신이 코치할 수 있도록 준비시키고 있다. 보통, 코치와 제자가 다섯 번째 단계에 이르렀을 때, 제자는 간절히 행동 단계에 헌신하고 싶어 한다. 제자양육코칭 과정의 여섯 단계에서 다섯 번째 단계가 종종 가장 빠르게 완료된다. 헌신이 삼십 초 만에 이루어진다고 해서 염려할 필요는 없다. 첫 번째부터 네 번째 단계까지의 과정이 깊이와 의미를 담고 있기 때문에, 다섯 번째 단계에 이르렀을 때 제자들은 앞으로 나아갈 준비가 되어 있을 때가 종종 있다.

결 과

제자가 행동을 위한 추진력을 얻어가면서, 그 행동 단계를 보다 온전하게 수용한다.

실천과 성찰을 위한 질문들

1. 제자가 이 지점에 이르렀으나 아직 헌신할 준비가 되어 있지 않다면, 코치로서 당신은 어떻게 반응할 것인가?

2. 당신의 삶에서 행해졌던 큰 헌신들을 떠올려 보아라. 결혼, 대학 선택, 입사, 또는 퇴사. 이런 "도약"을 하도록 동기를 부여한 것이 무엇인가?

3. 이 책을 읽으면서 당신이 추진하고 있는 코칭 아이템을 다시 살펴 보라. 당신은 얼마나 당신의 행동 단계에 헌신할 준비가 되어 있는가? 준비되지 않았다면, 한 걸음 뒤로 물러서서, 이것이 당신의 목표나 당신 삶의 상황에 대해 어떤 의미를 가지는지 생각해 보라

지원하기

직업상 우리는 때때로 성직자, 교회 직원 및 다른 전문직들을 위한 코칭 그룹들을 제공한다. 그룹 코칭 경험에 입문하는 사람들의 기대치를 관찰하는 것은 흥미롭다.

그들은 다른 그룹 환경에서의 경험에 의지하여 코칭 그룹의 의미를 이해하려고 한다. 치료 그룹, 지원 그룹, 전문가 동료 그룹, 교회의 주일학교 수업 및 다른 소그룹 경험, 그리고 학교 교육이나 평생 교육 수업들이 여기에 포함된다.

그 결과, 참석자들은 코칭이 이러한 다른 형태의 도움들과 어떻게 비교되는지를 자문하게 될 것이다. 그들은 흔히 코칭이 치유, 지원, 또는 학습 정보에 관한 것이어야 한다고 가정한다. 그러한 가정들은 이해할 만하다. 왜냐하면, 우리는 이미 알고 있는 것과 비교함으로써 새로운 경험들을 이해하기 때문이다. 이 경우, 이러한 가정들은 모두 결점을 가진다.

지원은 지원 그룹이나 어떤 형태의 치료의 목표가 되기는 해도, 그

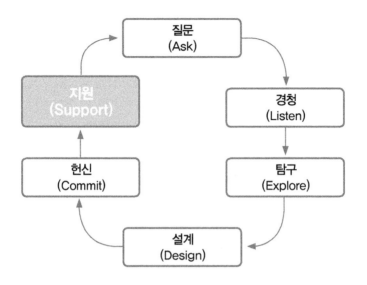

것이 코칭의 목표는 아니다. 코칭을 경험하는 대부분의 제자들은 그것을 매우 지원적인(supportive) 것으로 묘사하겠지만, 코칭의 목표는 행동(action)이다. 단순히 제자를 지원하는 것이 아니라, 특정한 목표나 삶의 변화를 향한 행동으로 제자를 움직여 나가는 것이다. 지원적이라는 느낌이나 경험들은 그저 코칭의 즐거운 부산물일 뿐이다. 이러한 점에 비추어 본다면, 우리가 제자양육코칭을 행할 때, 지원은 무엇을 의미할까?

행 동

여섯 번째 단계에서 우리의 목표는 제자가 그 목표를 성취하거나, 더 직접적으로는, 다음 행동 단계를 취하도록 그에게 필요한 지원을 제공하는 것이다. 이때 제자의 목표 완수에 대해 코치는 책임을 지지 않는다. 제자가 이제까지 목표를 세워 행동 단계들을 찾았고, 이후에 따라오는 것들에 대해 책임을 지는 것이다. 코치의 역할은 바라는 목표에 다다르기 위한 행동 단계들을 성공적으로 완수할 수 있도록 제자를 격려하는 것이다. 코치는 제자에게 가장 유용한 방식으로 지원을 제공하면서도, 또한 제자가 자신의 목표를 추구하는 데 도움이 될 내적, 외적인 지원 체계들을 개발할 수 있게 도와준다.

목 적

우리는 종종 타인의 도움 없이도 일상에서의 작은 변화들을 일구어낸다. 예를 들면, 헤어스타일을 바꾸거나 몸무게를 2파운드 줄이기도 하고, 혹은 읽다 만 책을 끝내기도 한다. 우리는 다른 사람들도 우리의 기쁨이나 즐거움을 일부 느낄 수 있도록 이런 작은 성취들과 변화들을 함께 나누고 싶을 때도 있지만, 대개 이런 일들을 하는 데에 외부의 도움을 받지는 않는다. 인생에 있어서의 중요한 변화를 이루고자 할 때는 상황이 다르다.

제자양육코칭에서, 제자들은 집중된 노력과 하나님의 능력에 가깝게 연결되는 것이 요구되는 변화의 영역으로 나아간다. 이렇게 중대한 변화를 다룰 때, 우리에게는 타인의 지원이 필요하다. 사회적인 본성에 의해, 우리는 다른 사람들이 우리를 응원해 줄 때 – 또는 우리를 점검해 줄 때 – 보다 용이하게 목표를 성취한다. 참되고 지속적인 변화를 이루는 일이 어렵기는 하지만, 그것을 우리가 혼자 할 필요가 없다.

다른 사람들이 우리보다 앞서 변화의 길을 걸어왔고, 우리는 그 과정에 필요한 것들을 그들로부터 배울 수 있다. 중대한 변화는 때때로 하나님에 대한 의존을 요구한다. 가장 중대한 변화는 공동체 안에서, 그리고 책임감 있는 관계들 안에서 일어난다. 우리의 의미 있는 성장을 위해서는 하나님과 타인들이 필요하다는 것을 우리가 알기 때문에 적극적으로 도움을 구하자! 지원은 제자양육코칭의 대화 안에서 이루어진다. 우리는 제자의 성장과 전진을 돕기 위해 우리가 아는 것을 사용한다.

변화와 성장의 과정에 관해 우리가 알고 있는 것들을 사용함으로써 제자의 역량을 강화하여 그 자신이 바라는 목표를 달성하는 데 도움이 될 단계들을 완수하게 된다.

이 단계에서 코치의 역할은 제자가 적절한 수준의 지원을 늘려서 자신의 목표를 달성할 수 있도록 도와주는 것이다. 우리는 제각각 다른 방식으로 동기부여를 받기 때문에 필요한 지원의 형태도 저마다 다를 것이다. 몇 가지 방안들을 말해보면 다음과 같다.

제자에게 동기부여가 되는 것이 무엇인지를 제자 스스로 말할 수 있게 도와주라.

사람은 각자 다르기 때문에, 어떤 사람에게는 목표를 이루는 데 도움이 되는 격려가 다른 어떤 사람에게는 좌절의 요소가 되기도 한다. 코치는 다음과 같은 질문을 해 볼 수 있다.

- 가장 최근에 어떤 일에서 성공했을 때 당신의 기분이 어떠했으며, 성공하는 데 도움을 준 것이 무엇이었나?
- 좌절했을 때, 당신을 가장 괴롭히는 것이 무엇인가?

실행 계획(action plan)에 방해가 될 수 있는 것이 무엇인지를 제자가 분별할 수 있도록 도와주라.

이것은 "최악의 시나리오"를 생각하는 것이지만, 잠재적인 장애물들에 대해 제자가 현실적인 생각을 가질 수 있도록 코치가 도와주는 것이다. 다음과 같은 질문들을 할 수 있다.

- 당신이 이 행동 계획을 실행하려고 할 때 마주치게 될 잠재적인 장애물들은 어떤 것인가?
- 당신 자신의 라이프스타일과 잠재적인 유혹들을 생각해 볼 때, 어떻게 당신 자신이 자신도 모르는 사이에 이 행동 계획을 은연 중에 방해하게 될 것이라고 보는가?

제자의 지원망을 확인하고, 행동 계획을 실행하기 위해 그것을 어떻게 활용할 것인지 제자에게 질문하라.

코치는 제자에게 코치의 유효성과 함께 영적인 자원들을 되새겨 줄 필요가 있다. 다음의 질문들이 포함된다.

- 누가 당신의 지원망을 이루고 있는가?
- 당신이 이 행동 계획을 완수해 나갈 때 당신을 지원하기 위해서 내가 할 수 있는 일은 무엇인가?
- 당신이 이 계획을 달성할 수 있도록 하나님께 어떤 도움을 청하고 싶은가?
- 당신이 이 행동 단계에서 성공하는 것을 보고 싶어할 그 밖의 사람이 누구인가? 어떻게 하면 당신이 그 사람의 지원을 요청할 수 있을까?

제자가 목표를 이루고자 할 때 제자에게 책임감(accountability)를 부여하라.

책임감은 성장과 변화를 위한 에너지를 제공한다. 건전한 책무는 괴롭힘이나 잔소리, 응징이나 강압이 아니라 목표를 향해 나아가게 하는 격려이다. 코칭에서 코치가 갖는 유일한 권한은 제자에 의해서 주어진 것임을 기억해야 한다. 건전한 책무를 평가하기 위해서, 제자는 자신에게 다음과 같은 질문을 해야 한다.

- 이것이 나의 삶에 활기를 주는가?
- 이것이 나의 기운을 북돋우는가?
- 나는 이것을 계속하고 싶은가?

제자가 자기 책임성을 유지할 구조(accountability structures)를 개발할 수 있도록 도와주라.

예를 들면 다음과 같은 것들이 포함된다.

- 코치를 활용하라.
  ("이 행동 단계가 완료되면 나는 당신에게 이메일을 하거나 문자를 보낼 것이다" 또는 "내가 유혹을 받을 때, 나는 당신에게 도움을 청하는 이메일을 보낼 것이다.")
- 기도에 헌신하라.
  ("나는 이 목표를 에워싸고 있는 파괴적인 행동에 관여하기 전에 2분간 기도를 할 것이다.")
- 다른 사람들과 지원팀을 이루는 서약을 하라.
  ("나는 이 행동 단계를 나의 아내와 공유하여 내가 그것을 언제 마칠 계획인지를 알려줄 것이며, 그 날짜가 지나면 아내가 나에게 그것에 관해 물어볼 수 있게 할 것이다.")
- 비슷한 일을 수행하고 있는 다른 이와 약속을 하라.

("우리의 진행 상황을 서로 확인할 날짜와 시간을 정하자.")

· 당신이 이미 하고 있는 어떤 것에 연관시켜 책임감을 수립하라.

  (만약 당신이 성경 공부나 기도 모임의 일원이라면, 행동 단계를 완수하고자

  하는 당신의 바람에 대해 함께 기도해 줄 것을 그 그룹에게 요청할 수 있다.)

· 기억에 도움이 될 가시적인 것을 사용하라.

  (기도 시간을 상기시켜 주는 도구, 혹은 잠시 멈추어 어떤 특정한 임무가 완료

  되었는지를 생각해 보도록 상기시켜 주는 도구로써 빨간 점 스티커나 시계를

  사용하라.)

· 축하할 것을 시각화하라.

  (진행 상황을 논의하고자 다시 모였을 때, 코치와 제자는 제자의 성취를 어떻

  게 축하할지 마음에 그려볼 수 있다.)

책임감에 대한 동의를 명확하게 하라.

  다음과 같은 질문들을 하라.

· 당신은 무엇을 할 것인가? 언제까지 이것을 할 것인가?

· 당신이 성공했다는 것을 당신은 어떻게 알게 될 것인가? 나(코치)는 그것을

  어떻게 알게 될까?

도구들

  제자가 지원망을 키우고 적절한 보상과 보강을 위한 계획을 세우

는 데 도움을 주기 위하여, 코치는 다음과 같은 두 부류의 도전들을 제시

할 수 있다.

- 당신의 삶에서 당신이 가장 신뢰하는 사람들은 누구인가? 그들의 이름을 써 보라.
- 당신의 행동 단계들이나 목표들에 대해 생각해 보라. 그 목표에 대해 당신에게 가장 책임을 물을 사람이 누구인가? 당신의 목표를 그 사람과 공유하고, 그 사람이 당신에게 그 목표에 대한 책임을 물어봐 줄 것인지를 알아보고, 그 방법(전화, 이메일 등)에 대해 동의하라.

- 이 세상에서 당신이 가장 좋아하는 일은 무엇인가?
- 그 활동을 함께 하고 싶은 사람이 있는가? 그 사람에게 당신이 이루려고 하는 것이 무엇인지를 말하고, 당신이 그 목표를 이루었을 때 당신이 좋아하는 것을 함께 하자고 약속하여 날짜를 정하라.

결 과

지원은 중요하고 필수적인 코칭 과정의 일부이다. 제자들은 변화와 성장의 과정에서 혼자가 아니라는 사실에 기뻐할 수 있다. 코치를 비롯한 다른 사람들이 제자의 성공을 위해 도움을 주고 싶어 한다. 책무는 체벌이 아니라, 우리로 하여금 성공을 향해 나아가게 하는 또 다른 도구일 뿐이라는 것도 기억하자.

실천과 성찰을 위한 질문들

1. 당신의 삶에서 당신에게 활력을 주는 사람들을 열거해 보라. 당신의 기운을 빠지게 하는 사람들도 열거해 보라. 어떻게 하면 당신에게 활력을 주는 사람들과 더 많은 시간을 보내도록 계획할 수 있을까? 어떻게 하면 당신에게 활력을 주는 사람들이 당신의 목표 달성에 도움을 줄 수 있을까?

2. 당신에게 동기를 부여하는 것이 무엇인가? 아침에 일어나 그 날의 책임들을 직면하는 데 도움을 주는 것들을 열거해 보라.

3. 당신에 대한 책임이 있는 사람은 누구인가? 당신은 그 사람들과의 관계를 어떻게 긍정적인 방향으로 이끌어 가는가?

제 3 부

1

코칭 운동을 시작하기

"이것들은 우리 그리스도의 제자들이 항상 갖기를 원하는 대화들이
다. 이것은 정말로 우리가 해야 하는 것이다."

이 책의 초반에 나온 이 말을 기억하는가? 제자양육코칭 훈련을
하면서 우리는 이러한 통찰이 다양한 방식으로 표현되는 것을 들어왔다.
제자양육코칭이 정식으로 시작되기 전에, 우리는 교회 안에 있는 동료들
을 코치하도록 제자들을 훈련하는 시범 프로젝트를 시행했다. 어느 수업
말미에, 나(마크)는 이렇게 물었다. "오늘 훈련에서 당신은 무엇을 얻었
나요?" 이 제자들이 나눈 대답들을 통해 분명하게 알 수 있었던 것은 이
들이 교회 안의 다른 사람들이 성장하고 변화할 수 있도록 도와줄 방법을
모색하는 동안에 이들에게 전구에 불이 들어오듯 깨달음이 찾아왔다는
것이다. 한 여성은 그 시범 프로젝트 훈련을 통해 체험한 동료 코칭 때문
에 눈물이 흘러 거의 말을 잇지 못하기도 했다.

이러한 크리스천 제자들은 도구들과 체계, 그리고 기회를 제공하는 코칭 모델을 가진, 변화를 가져오는 대화에 참여하고 있다. 말하자면, 코칭 모델 때문에 우리는 희망하는 주제를 가지고 다른 제자들과 대화를 나눌 수 있는 것이다. 우리는 대개 소망, 꿈, 그리고 하나님이 주시는 삶의 격려들을 다른 헌신된 크리스천 제자들과 나누기를 원한다. 이것이 우리가 바라는 교회의 한 모습이다. 그러나, 교회는 변혁적인 대화를 나눌 준비가 되어 있지 않을 때가 많다. 깊이 있고, 예수 그리스도를 중심에 둔 관계들이 제대로 고무되지 않고 있다. 제자양육코칭은 교회다울 수 있는 기회를 변혁적인 방법으로 제시한다.

초기 단계들

왜 우리는 제자양육코칭을 "운동(movement)"이라고 부를까? 이것은 조금 주제넘고, 심지어 과장되게 들리기도 한다.

코치로서 우리는 계속 배우며 기술의 수준을 높여야 한다. 내(마크)가 참석한 어느 평생교육 세미나에서는 강사가 신임 직업코치들에게 클라이언트의 마음을 사로잡는 방법을 가르치고 있었다. 우리가 그동안 관찰해 온 것들을 그가 이렇게 설명했다. "멋진 웹사이트를 만들고 직업적으로도 능숙한 솜씨를 가졌음에도 불구하고 코칭 클라이언트가 없는 훈련된 코치들이 수없이 많다. 마케팅은 정말 어려운 일이다."

이 강사는 전문코치들이 잠재적인 클라이언트들에게 무료 코칭 세션을 제공해야 한다고 주장했다. 대부분의 전문코치 훈련 프로그램들도 처음 코칭을 시작할 때 이런 접근 방법을 제시한다. 이런 제안을 하는 이유는 사람들은 설명보다는 체험을 통해서 코칭을 훨씬 잘 이해하기 때문이다. 코칭에서 전통적인 교실 수업이 도움이 되기는 하지만, 전환을 위한 코칭의 능력은 놓치게 된다. 이 책의 도움으로 코칭을 이해하고 또한 실행 가능한 기술들을 배울 수 있을 것이다. 한편으로는 코칭을 경험하는 것이 코칭에 대한 당신의 이해를 놀랍게 향상시킬 것이다.

무엇인가 기운을 돋우는 것이 생겨날 때 운동이 시작된다. 에너지가 흐를 때, 경험들이 활기를 띨 때, 그리고 열정이 무르익을 때 운동은 그 자체의 생명을 가진다. 제자들이 코칭이 갖는 변혁적인 힘을 경험하기 시작할 때, 제자양육코칭은 교회 안에서 퍼져나갈 특유의 자세가 갖추어진다.

그러면, 운동은 어떻게 시작하는가? 사회학자들, 인류학자들, 그리고 활동가들은 사회 운동을 이끄는 역동성의 연구에 엄청난 에너지를 투자한다. 이 질문을 탐구하는 것이 흥미롭기는 하겠지만, 우리는 보다 구체적으로, '크리스천 운동들은 어떻게 시작되고 자라는가?'라는 질문으로 시작하려고 한다. 다행히도, 의사 누가가 양피지에 초기 기독교 운동의 모습들을 묘사해 놓았다. 사도행전을 읽으면서, 우리는 기독교가 퍼져나가는 과정의 소박함(적어도 표면적으로는)에 감명받는다. 구체적인 전략적 사역 계획은 없었던 것으로 보인다. 미시적인 목표들과 목적들도 없었던 것 같다. 대신, 그리스도인 제자도의 체험이 너무 신이 났기 때문에 사람들은 그것을 나누지 않을 수가 없었다. 교회 성장을 위한 구체적인 계획은 필요하지 않았다. 비공식적인 과정들만으로도 충분했다.

동시에 기독교의 목적에 큰 관심이 기울어졌다. 명료한 거시적 수준의 명령이 존재했다. 예수님은 제자들과 교회에게 온 세상으로 나아가 제자를 삼으라는 임무를 주었다. 이것은 큰 그림, 광대한 사고였다. 예수님은 구체적인 계획을 제시하지는 않았지만, 그의 의도를 담은 분명한 임무를 주었다. 그것은 곧, '가서 제자 삼으라'는 말씀이었다.

그 후로 교회는 먼 길을, 그러면서도 한편으로는 전혀 멀지 않은 길을 걸어왔다. 수 세기를 지나면서 기독교 운동에 역사가 생겨났다. 사람들이 관련된 모든 운동이 그렇듯이, 우리 역사에는 긍정과 부정, 진보와 퇴보, 신뢰와 불신이 섞여 있다. 우리는 시간에 있어서, 그리고 방법론에 있어서 먼 길을 왔다. 지난 2,000년이 넘도록 기독교 운동은 반복적으로 조직되고 제도화되어 왔다. 우리 교회들은 대개 구조적으로 조직되어 있다. 그들은 여러 가지 프로그램과 사역의 기회들, 그리고 교육들을 제공한다. 동시에, 우리는 그다지 멀리 가지 않았다. 우리는 여전히 그 근원적인 이야기, 곧 예수 그리스도를 통하여 이 세상에 오신 하나님의 성육신 이야기를 중심으로 모이고 있다.

지금은 어떠할까? 어떻게 하면 성경의 이야기와 제자양육코칭의 원리에 일치되는 방식으로 제자양육코칭을 회중에 도입할 수 있을까? 어떻게 하면 기독교 운동에 대해 우리가 알고 있는 것들과 조화를 이루는 방식으로 섬기게 될까?

남은 장에서, 우리는 제자양육코칭을 교회에 접목시키기 위한 공식적인 의도적 활동들을 설명하고, 곧이어 비공식적인 의도적 전략들을 설명할 것이다. 회중에 의해서 회중을 위해 제공되는(수업과 같은) 공식적인 활동들은 되풀이될 수 있다. 우리가 날마다 제자가 되어갈 때 비공식적인 활동들이 일어난다. 비공식적인 활동들은 자발적인데 어떻게 의도적일 수가 있을까? 초기의 제자들은 전략적인 사역 계획이 없이(비공식적 활동들) 제자를 만드는 일에 헌신했다(의도적 활동들). 그래서 그들은 비공식적이고 자발적인 기회들이 생길 때면 자연스럽게 제자를 만들 준비가 되어 있었다.

초기 기독교 교회처럼, 우리는 주된 책무 또는 대사명 – 제자를 만드는 일 – 을 계속하고 있다. 이 말은 사람들이 어떤 신앙의 여정에 있던 지 간에 그들과 연관되어 그들이 그리스도를 향해 나아가도록 돕는 것을 의미한다.

제자양육코칭 훈련 참가자들이 묻는 첫 번째 질문 중 하나는 전도 에 관한 것이다. 제자양육코칭은 전도 프로그램인가? 엄밀히 말하자면 대 답은 "아니다"이다. 그 과정의 어느 시점에서 누군가가 회심하여 그리스도 에게 전향하는 것은 가르침을 수반한다. 제자양육코칭은 가르치는 수단이 아니다. 그것은 그리스도인 제자들을 성숙하게 하거나 양성하는 도구이 다. 일단 어떤 사람이 예수님의 제자가 된다면, 제자양육코칭은 그 사람의 믿음을 온전하게 하고 믿음대로 살아가게 하는 데 매우 도움이 된다.

우리가 제자양육코칭 대화을 하는 상황에서 제자삼기(making disciples)에 대해 논할 때, 우리는 그리스도인의 형성 과정(Christian formation process)를 묘사하고 있는 것이다. 그리스도인 제자가 신앙의 여정에서 어디만큼 와 있든지 우리는 바로 그곳에서 시작하고, 거기서부 터 앞으로 더 나아가며 성장할 수 있도록 도와준다. 제자를 만든다는 것 은 성숙의 과정, 성장의 여정, 그리고 그리스도를 따르는 자가 보다 신실 하게 따르는 자로 발전하는 데 이바지하는 것을 의미한다. 다음과 같은 흐름으로 제자양육코칭의 목적을 요약할 수 있다:

- 제자를 양육한다. (거시적 목표)
- 모든 준비된 교회에서 준비된 모든 제자들을 코치한다. (미시적 목표)
- 당신의 교회에서 제자양육코칭 과정을 가르친다. (방법론)

대부분의 교회가 제자양육에 관여하고 있다. 예배, 전도, 제자 돌봄, 선교적 사역들, 학습 경험들, 공동체 세우기 등, 이런 활동들이 모두 제자양육에 기여한다. 이제 교회들은 제자양육코칭이라는 도구를 사용하여 제자양육 과업의 성취를 도울 수 있다.

이 책을 다 읽고 나면 당신은 기본적인 제자양육코칭 대화 모델에 익숙해질 것이다. 우리는 당신이 이미 배운 것을 당신 자신과 다른 제자들에게 사용하고 있기를 바란다. 준비되고 열려 있는 사람들과 변혁적인 대화들을 시작하는 것을 망설일 이유가 없다. 기회가 주어질 때마다 제자양육코칭을 사용하기 시작하라. 우리는 당신과 타인들이 준비되어 있을 때, 하나님이 당신을 의미 있고 풍성한 제자양육코칭의 대화로 이끌어 주시리라 믿는다.

동시에 우리는 많은 독자들이 제자양육코칭 훈련의 다음 단계로 나아가, 각자의 교회에서 제자양육코칭반을 가르칠 수 있었으면 한다. 이것이 제자양육코칭을 당신의 사역지에 접목하는 주된 방법이다. 인증된 제자양육 코치들은 특정한 교회에서 될 수 있는 한 많은 제자들을 훈련시키기 위해 가능한 많은 수업들을 가르칠 수 있다. 그 과정을 통해, 제자들은 제자양육코칭의 접근법과 대화를 배움과 동시에, 그것을 안전한 환경에서 실습하게 된다. 참석자들은 그 과정 동안 "동료(buddy)"를 코치하면서 실제적인 제자양육코칭의 경험을 얻는다. 그 과정이 지나면, 이 제자들은 교회의 다른 사람들을 코치할 소양을 갖추게 된다.

인증

교회에서 제자양육코칭 과정을 가르치기 위해서는 훈련이 필요하다. 이때 제자양육코칭 인증이 도움이 된다. 이 책을 읽는 것이 제자양육코칭을 비공식적으로 사용할 수 있게 준비하는 데 도움이 된다고 해도, 제자양육코칭을 사용할 수 있도록 다른 사람들을 훈련시키기에는 불충분하다. 제자양육코칭 인증 과정에 참여하는 사람들은 다음과 같은 추가적인 이익을 얻게 될 것이다.

· 제자양육코칭 모델을 배우고 제자들을 코치할 능력을 갖추게 된다.
· 동료 코칭(buddy coaching)을 통해 제자양육코칭의 직접적인 체험을 얻게 된다.
· 제자양육코칭 트레이너의 감독 하에 제자들을 코치할 수 있다.
· 수업들을 통해 다른 사람들을 훈련하는 방법을 배우게 된다.
· 제자양육 코치들을 훈련하기 위한 수업 교재들을 활용할 수 있다.

우리의 목표는 교회 안에서 제자들이 제자양육코칭 모델을 사용하여 서로를 코치할 수 있도록 그들을 훈련시킬 수 있는 코치들을 준비시키는 것이다. 역량의 한계로 우리 혼자만으로는 이 훈련을 할 수 없다. 대신, 우리는 성직자, 교회 직원, 평신도 리더들이 각자의 사역 현장에 제자양육코칭을 도입할 수 있도록 그들을 훈련시키고 있다.

이 목표를 이루기 위해, 우리는 제자들이 다음과 같은 단계들을 포함하는 제자양육코칭 인증을 고려해볼 것을 권한다.

1. 제자양육코칭 과정을 마치라.

20시간의 수업 기간에 우리는 다양한 형태로 이루어지는 학습 활동들에 참여한다. 학습 정보와 더불어, 참여자들은 수업 과정 중에 동료들과 그 모델을 사용하며 실제적인 체험을 얻는다. 실례와 시연, 토론들이 이 체험에 들어 있다.

2. 제자양육 실습 과목에 참여하라.

6개월의 실습 기간 동안, 참여자들은 그들의 사역 현장에서 제자들을 코치한다. 제자양육코칭 훈련이 트레이너의 감독 아래 이루어지도록 월간 음성 원격회의 수업들이 지원된다. 더불어, 참여자들은 "동료(buddy)" 코치와 짝을 지어 모델을 실습한다. 실습이 끝날 때쯤, 참여자들은 제자양육코칭 모델을 사용할 수 있는 능력의 향상을 보여주게 된다.

3. 제자양육 수업들을 가르치라.

이 시점에서, 참여자들은 인증된 제자양육 코치가 된다. 능력에 근거하여 주어지는 이 인증에 의하여, 그들은 각자의 교회 안에서 그 모델을 사용하여 다른 제자들을 훈련시킬 수 있게 준비된다. 제자양육을 위한 인증코치들은 이런 수업들을 위해 필요한 훈련 교재들을 우리에게 주문하면 된다. 수업 참가자들은 함께 수업을 듣는 "동료"를 직접 코치해 보면서 제자양육코칭 모델을 배우게 된다. 수업이 종료된 후에도 많은 제자들은 자신의 동료를 계속 코치한다. 교회는 이제 비로소 보다 높은 차원에서 소명에 순응하여 살아갈 준비가 된 사람들을 코치할 수 있는 제자양육코치들의 핵심 그룹을 갖추게 된다. 제자양육 인증코치들은 필요한 만큼 자주 이러한 수업들을 반복할 수 있다. 참가자들은 제자양육코칭 인증 과정을 통해, 다른 참가자를 모집하고 효과적인 제자양육코칭 수업들을 가르치는 방법을 배운다.

실천과 성찰을 위한 질문들

1. "제자를 양육하는 교회"로서의 당신의 교회를 고찰해 보라. 이 말이 그 교회의 우선순위들을 얼마나 많이 반영하고 있는가?

2. 당신의 교회에 코치 훈련을 받을 수 있게 준비된 제자들은 누구인가? 이들은 순수한 마음으로 타인들을 돌보고 그들의 말을 경청할 줄 알며, 삶의 여정에서 타인들의 성장을 바라는 사람들이다.

3. 당신 자신이 제자양육 인증코치가 되는 생각을 해 본 적이 있는가? 그 생각을 할 때, 마음 속에 어떤 감정들과 생각들이 떠오르는가? 이 문제를 두고 기도해 볼 마음이 있는가?

2

제자를 양육하는 교회 되기

그들은 작은 교회였다. 비전에 대한 코칭을 의뢰하기 위해 전화했을 때, 그들이 처음 자신들에 대해 그와 같이 인식했다. 분별 작업 (discernment work)을 시작했을 때 내(마크)가 물었던 처음 질문 중에 하나는 "작다"는 것이 그들에게 무엇을 의미하는가 하는 것이었다. 그들은 결핍을 열거하면서 대답했다. "우리는 크지 않아요. 많은 프로그램들을 제공하지도 않고요. 아동과 청소년도 많지 않지요. 우린 한 가지 스타일로만 예배를 드려요…" 그들에게는 작다는 것은 보다 적음(less than)을 의미했다. 이 교회는 낮은 자존감에 시달리고 있었다.

이 교회와 함께 비전을 확인하는 작업에는 교인들이 가지고 있는 자산들, 은사들, 주제들, 그리고 강점들을 찾는 것이 포함되었다. 많은 대화를 통해 그 교회는 상당한 비율의 교인들이 지역 사회에서 봉사를 하고 있다는 것을 알게 되었다. 어떤 노신사는 매주 사흘씩 제향 군인병원에서 복도를 걸으며 퇴역 군인들에게 인사하는 봉사를 했다. 그는 그들에게 미소를 지어주고, 그들의 말을 들어주고 돌봐주는, 그래서 환영받는 존재였다. 그 교회의 청년부와 어린이부는 여름마다 동네에서 비공식 축구 캠프를 열었다. 이 캠프는 매일 간략한 묵상과 기도로 그 날을 시작했다. 이 교회의 한 여성은 정원을 가꾸는 은사가 있었다. 그녀는 교회 교정을 아름답게 가꾸는 일에 헌신했고, 건강하게 식물을 가꾸는 법을 이웃들에게 가르치기도 했다. 이 사람들 말고도 봉사하는 이들이 많았다. 이 제자들은 모두 각자의 봉사를 그리스도인으로서의 소명으로 여겼다. 그들은 예수님의 이름으로 섬기면서 기회가 생길 때마다 그리스도에 대해 이야기했다.

처음에 이 교회는 이런 이야기들을 중요하게 여기지 않았는데, 이런 일들이 교회의 공식적인 사역이 아니기 때문이었다. 그러나 더 많이 이야기를 나누며 경청할수록 그들은 이러한 제자들이 그 지역 사회에서 그리스도의 손과 발이 되고 있음을 점점 깊이 깨닫게 되었다. 이것을 교회의 활동으로 프로그램화할 수 있는 길은 없었다. 대신, 교회의 역할은 이러한 정신을 배양하는 것이었다. 봉사를 하도록 교회가 사람들을 부추기는 것이 바로 교회가 주는 영적 자양분이라고 이들은 설명한다. 이 작은 교회는 교회의 공식적인 기능을 통해서든 비공식적인 기능을 통해서든 사역의 배양기(incubator)가 되는 것을 그들의 역할로 정했다. 교인들은 그들이 바로 제자를 양육하는 공동체(disciple-developing community)임을 깨달았다. 작다는 것은 더 이상 교회로서의 자신들의 자아상이 아니었다. 그들은 제자 양육자들(disciple developers)이었다.

앞 장에서 우리는 어떻게 교회적 차원에서 제자양육코칭 운동을 시작하는지 살펴보았다. 수업을 하고 제자들을 코칭하는 것은 이런 운동을 시작하는 매우 가시적인 방법이다. 그러나 제자를 양육하는 교회가 되는 것은 다른 차원의 통합을 수반한다. 수업을 하고 제자들을 코칭하는 것으로 이 운동을 시작할 수는 있지만, 통합이 뒤따라와야 한다. 위에서 묘사한 교회는 자신의 사역에 대해 "배양기(incubator)"의 이미지를 도입했다. 그 교인들은 예수 그리스도의 제자들을 키우는 활동들과 과정들과 노력들에 집중했다. 배양하는 일에 집중할 때, 그들은 여러 가지 방식으로 새로운 삶들이 싹튼다는 것을 알게 되었다. 한 가지 분명한 표지는 그들의 지역사회에서 일어나는 개별적인 제자들의 다양한 사역들이었다.

이것은 "그리스도 교회의 필수적인 사명이 무엇인가?"라는 중요한 물음으로 되돌아가게 한다. 여러가지 측면에서 답이 나올 수 있겠지만, 결국은 제자를 양육하는 것이 핵심이다. 예수 그리스도의 제자들을 양육하는 것에 중점을 두는 다른 기관이 또 있는가? 제자양육 사명의 여러 측면 가운데 일부에 대하여 특별히 중점을 두는 준교회(para-church) 기관들이 있기는 하겠지만, 제자양육의 책임을 지는 특별한 임무를 수행하는 곳은 교회이다.

우리가 하는 일에서 뿐만 아니라 삶의 한 방식으로써 제자를 양육하는 교회가 되고자 한다면, 어디에서부터 시작해야 할까?

목회적 우선순위

사역의 초기에 목사들과 교회 직원들은 어떤 형성의 과정(formational process)을 거친다. 안수를 포함하여, 사역자가 되기 위한 공식적인 과정을 밟지만, 특정한 날에 안수를 받는 행위가 과연 온전하게 갖추어진 목회자를 만들어내는가? 기술적으로는 그렇다. 그러나 영성적으로나 발달적으로, 그리고 실제적으로는 그렇지 않다.

기혼자들에게는, 결혼식 날이 "공식적으로" 부부가 된 날로 기억된다. 그러나 조금만 돌이켜봐도, 우리는 그 예식 이전에 결혼했고 또 그 예식이 오랜 추억이 된 이후에도 여전히 부부가 되어가고 있다는 것을 알게 된다.

사역자가 되는 것은 우리 삶에서의 다른 중대한 변화의 과정처럼 오랜 시간에 걸쳐 이루어지는 성장 과정이다. 그러므로, 사역자들은 반드시 자신에게 주어진 소명과 섬김의 삶을 이어가는 동안 사역의 "철학"을 발전시켜 나가야 한다. 다음의 질문들이 이러한 개념을 형성하는 데 도움이 될 것이다.

- 교회의 사명은 무엇인가?
- 교회의 사역에 필수적인 것은 무엇인가?
- 우리의 시간과 자원들을 어떻게 쓰는가?
- 교회 생활의 핵심은 무엇인가?
- 우리는 무엇을 해야 하는가?

대부분의 성직자와 교회 직원은 제자들을 만들고 양육하는 것을 이러한 질문에 대한 답에 포함시킨다. 코칭 활동을 하면서 우리는 다양한 기독교단들에 속한 많은 성직자들의 생각과 관점들, 그리고 소망들을 접한다. 건강하고 효과적인 목회자의 삶을 사는 것은 복잡하고 어려운 과제이다. 사역자들은 제자 양육에 계속 중점을 두면서 동시에 제도적인 필요들을 충족시키는 일로 어려움을 겪는다. 때로는 기관을 관리하는 일이 기관의 목적을 압도하기도 한다. 제자삼기라는 우리의 주된 사명으로 우리를 다시 부르는 것은 필수적인 일상의 훈련이다.

제자를 양육하는 것이 교회 소명의 핵심이라고 확신하는 목회자들은 교회가 제자양육에 중점을 두도록 지원할 것이다. 이러한 소명이나 목적을 거리끼거나 주저하는 사람들은 제자를 형성하는 공동체가 되는 데 있어서 교회의 진보를 지연시킬 것이다. 대개, 목회자들이 의식적으로 그렇게 하지는 않는다. 또 한편, 리더들이 믿고 수용해온 것이 교회 안에서 오랜 시간 행해지는 경향이 있다.

제자양육의 관점을 포용하는 것이 목회자들의 일상적인 사역에 어떤 영향을 미치는 것일까?

대개의 교회들은 교인 멤버십에 토대를 두는 조직적인 모델로 설계되어 있다. 교인 멤버십은 성경적인 개념이 아니라 북미문화권에 있는 기관들이 자신들을 구조화하는 방식으로부터 빌려온 개념이다. 우리는 신용조합, 복지 단체, 전문가협회, 그리고 요트 클럽의 회원들이다. 멤버십은 특정한 권리와 특권, 그리고 책임을 포함한다. 멤버십이 나쁘다는 말이 아니다. 단지 성경적인 개념이 아니라는 것이다.

멤버십의 관점으로 사역을 바라보는 목회자는 등록 교인들과 그런 방식으로 연관을 맺는다. 누가 들어오고 누가 나가는지, 멤버십이 무엇을 의미하며 무엇을 의미하지 않는지, 특히 어떻게 하면 더 많은 교인들을 모을 수 있을지를 생각한다. 만일 그 목회자가 교회의 성장에 관심이 있다면, 그것은 더 많은 교인들을 모으는 것을 의미한다. 이런 목회자들은 등록 교인의 숫자를 교회가 영적으로 성장하고 있으며 잘 돌아가고 있다는 주된 지표로 여긴다. 이들은 등록 이후 그 교인의 지속적인 성장에 대해서는 관심을 가질 수도 있고, 그렇지 않을 수도 있다.

제자를 양육하는 목회자들은 그렇게 생각하지 않는다. 그들은 제자들이 그리스도를 따르며 진보할 수 있게 도와주는 일에 집중한다. 성숙한 그리스도인으로 나아가는 것을 격려하고자 교회 안의 개인들과 모임들에 대하여 투자한다. 그들은 교회의 활동들이 제자양육을 강화하고 고무시키기 위한 도구라고 본다. 어떤 면에서는 이런 목사들에게 교인 등록은 부수적인 요소가 된다. 그들은 그리스도인으로서의 여정을 통한 성장에 관심을 갖는다. 제자양육을 사역의 필수이자 핵심적인 사안으로 보는 것이다. 제자들이 양육될 때, 조직으로서의 그 교회에 훨씬 더 많은 투자가 이루어질 가능성이 크다. 등록 교인의 수는 들락날락하겠지만, 제자도는 우리가 누구인지를 보여주는 것이다.

제자를 양육하는 목회자가 되기 위해서는 제자양육 인증코치가 되어야 하는 것일까? 물론 그렇지는 않다. 수 세기 동안 많은 목회자들이 사역을 위해 성도들을 준비시켜 왔다. 만일 당신 교회의 목사가 제자양육 코칭 훈련을 받는다면, 그 교회가 제자를 양육하는 것에 대한 시각을 보다 온전하게 받아들이게 될까? 우리는 목회자들이 제자양육코칭이라는 뛰어난 도구를 통해서 자신들이 행하는 사역의 중심을 재조정하고, 자신에게 주어진 소명을 실천하는 데 필요한 모델을 배우게 될 것이라고 믿는다. 목회자들이 제자양육코칭 훈련에 참여할 때, 그들은 훈련되어 이 주요한 목회의 기능에 집중하게 된다. 그리하여 그 교회가 제자를 양육하는 교회가 되게 하는 데 큰 힘을 보태게 된다.

교회 직원의 헌신

목회자가 제자양육에 헌신할 때 비로소 부목사들과 프로그램 담당 스텝들에게도 제자양육의 문이 열린다. 목회자가 다른 일에 집중할 때는, 스텝들이 제자를 양육할 수 있는 방식에 제약이 따른다.

교회의 직원들이 제자양육에 집중하고 있는지를 알 수 있는 가장 빠른 방법은 그들의 직무 내용이나 연간 업무평가 기준들을 살펴보는 것이다. 대개는 그 기준이 직접적인 봉사에 중점을 두고 있다. 부사역자들은 성경 공부를 제공하고, 사역들을 운영하며, 행사를 조직하고, 교회의 제자들의 개인적인 요구 사항들을 들어준다. 이러한 일들이 이로운 활동이기는 하지만, 그것들은 제자를 양육할 수도 있고 그렇지 못할 수도 있다.

담임목회자와 함께, 대부분의 교회 직원들은 교회의 조직적 필요성에 따라 평가가 좌우된다는 사실을 알고 있다. 만약 교회가 세 가지의 B, 즉 건물(buildings), 단체(bodies), 예산(budgets)에서 발전하고 있다면 호의적인 평가를 낳을 것이다. 그렇지 않을 경우에는 우려의 소리가 제기될 것이다. 이러한 기준들은 교회가 조직적으로 운용되고 그 사명을 이루는 데 버팀목이 되어주기도 한다. 그러나 동시에, 그것들은 제자를 양육하는 교회의 열망과 일치하지 않을 수도 있다. 그 세 가지 B들이 실제적인 기준일 때, 경험이 많은 노련한 교회 직원들은 교회의 질을 유지하기 위하여 통제하려 할 것이다.

봉사하도록 다른 사람들을 준비시키는 것은 훌륭한 개념이지만, 우리의 연간 평가가 봉사의 질에 의해 판단될 때 우리는 통제를 원한다. 이러한 역학관계는 대개의 교회 직원들로 하여금 성도들을 준비시키는 사람들이 아니라 직접적인 봉사 제공자로 기능하게 만든다. 프로그래밍과 행정은 조직에 의해 운용되는 교회를 섬기기에는 필수적이다.

제자를 양육하는 교회들은 중점 사역에 초점을 맞추기 위하여 직무 내용을 변경한다. 이러한 교회들은 평신도 리더십, 평신도 봉사, 그리고 선교적 사역에 있어서의 평신도의 참여를 끌어내기 위한 직원들의 수고를 기대한다. 이러한 교회들은 직원들이 제공한 직접적인 봉사의 질이 아니라, 얼마나 많은 평신도들이 섬김을 받느냐에 따라서 효율성을 평가한다. 보다 많은 사람들이 자신의 소명을 발견하고 날마다 믿음으로 살아갈 때, 그 제자를 양육하는 직원은 효과적으로 섬기는 것이 된다. 보다 많은 직원들이 배후에서 다른 사람들을 코칭할 때, 더욱 성공적인 제자양육이 이루어진다. 그러기 위해서 직원의 겸손이 요구된다. 만약 그가 록 스타가 되려고 한다면 제자양육은 일어나지 않을 것이다. 하지만 그가 교회로부터 승낙을 받고, 대안적 접근이 교회를 가장 잘 섬기는 길이라고 개인적으로 믿는다면 제자양육이 일어날 수 있다.

우리는 지금 직무 내용과 직원 평가 등에서 교회의 구조를 변화시키는 것에 대해 이야기하고 있는데, 그보다 훨씬 큰 변화가 일어나야 한다. 각 직원들이 제자양육을 소명으로 확신하고, 관점의 변화를 일으키기 위한 길을 열 수 있어야 한다. 교회 직원들의 역할은 다음과 같이 바뀔 수 있을 것이다.

- 재능을 찾아내고 은사를 발견하는 사람이 된다.
- 사람들의 잘못된 행동이 아니라 장점과 은사들에 대해 주의를 환기시킨다.
- 전망있는 제자양육자가 된다.
- 어떻게 하면 사람들이 보다 온전하게 소명대로 살아갈 수 있을지를 생각한다.
- 각 사람들을 영적 여정에서 진보가 있도록 그들에게 질문하고 그들과 함께 방안들을 탐구한다.
- 하나님의 나라가 보다 온전하게 이루어질 수 있도록 교회의 제자들 안에 있는 삶과 봉사의 잠재력을 찾아냄으로써 하나님과 협력한다.

제자양육에 헌신된 목사와 직원은 제자를 양육하는 교회로 가는 교회의 여정에 중대한 기여를 한다.

평신도의 헌신

제자양육코칭에서 훈련을 받는 목회자는 공식적으로든 비공식적으로든 평신도 대표와 코칭 관계를 가질 가능성이 높다. 제자양육코칭의 에너지와 힘을 체험하면서 그 대표는 다른 사람들도 이런 체험을 하면 좋겠다는 생각을 하게 될 것이다. 전 세계적으로 교회에는 리더(집사들, 장로들, 교구 위원, 위원회)의 역할을 감당하는 헌신된 평신도들이 많이 있다. 흔히 그들은 교회를 관리하는 방법을 훈련받기 때문에, 관리자로서의 리더십을 가진다. 그들이 교회 안에서 제자를 양육할 수 있도록 훈련받는 경우는 별로 없다. 제자양육의 개념과 경험에 노출되는 일이 적기 때문에, 평신도 지도자들은 기꺼이 더 많이 배우기를 원한다. 안수받은 성직자들과 교회 직원들처럼, 그들도 제자양육을 하나님 교회의 주된 소명으로 본다. 동시에, 많은 평신도 리더들은 그들에게 주어진 리더십을 깊이 알고, 그리고 다른 제자들과의 관계를 깊게 하는 데 도움이 될 도구들을 필요로 한다.

다음은 제자양육을 향한 평신도 리더들의 관점을 바꾸도록 고무시키는 방법들이다.

각 팀원이 봉사를 시작하는대로 그들에게 일련의 제자양육코칭 세션들을 제공하라.

변화를 위한 제자양육코칭의 힘은 설명이 아니라 경험에서 나온다는 것을 기억하라. 평신도 지도자들이 임기를 힘차게 시작할 수 있게 돕는 얼마나 훌륭한 방법인가! 평신도 리더는 지도자로서의 역할에 제한되지 않는 의제와 목표들을 정한다. 시간이 흐르면서, 각 평신도 리더는 교회의 제자양육 코치와 함께 서너 차례씩 제자양육코칭 세션에 참여할 것으로 전망된다.

평신도 리더십팀을 위한 제자양육코칭 수업을 제공하라.

수업이 끝나면, 이 리더들은 그들이 배운 것들을 관련 팀, 위원회, 모임 등에서 자연스럽게 사용하기 시작할 것이다. 그 모델 방식을 익히기 위하여 "동료(buddy)"를 코칭하는 것도 수업의 일부에 속한다. 리더들이 보다 완전하게 소명대로 살아가도록 서로를 코칭할 때, 그들은 힘을 얻는다. 물론 이것이 그들의 리더십에 불러일으킬 구조, 프로그램, 재정 상의 변화는 더 말할 것도 없다. 제자양육코칭을 경험한 결과, 제자양육의 중요성이 그들의 전면으로 부각된다. 그들이 평신도 리더로 섬기기로 동의했을 때에는 제자양육코칭 수업에의 참여를 그들에게서 기대하지는 않았다. 때문에, 교회 직원은 그들이 섬기기 시작하는 첫 해에 자원하여 제자양육코칭 수업을 듣도록 그들에게 요청할 필요가 있을 것이다. 두 번째 해에는, 제자양육코칭을 체험한 다른 동료들을 통하여 리더들이 그 유익함을 목격했기 때문에, 아마도 그들이 이 수업에 참여하리라는 것을 쉽게 기대할 수 있을 것이다.

평신도 리더들에게 두 가지의 성장 목표를 위해 일하도록 요청하라: 평신도 리더로서의 그들의 섬김과 관련된 목표 한 가지와 교회에서 하는 그들의 봉사와 관련이 없는 목표 한 가지.

이것은 제자양육코칭이 제시하는 것보다 더 지시적이다. 반면에,

이런 접근 방법은 평신도 지도자들이 효과적으로 섬길 수 있게 하기 위하여 성과 코칭(performance couching)과 제자양육코칭을 결합시킨다. 대다수의 평신도 리더들은 자연스럽게 팀의 봉사와 관련된 목표를 선택할 것이다.

배우고 성장하는 리더들은 활력이 충만한 리더들이다. 평신도 리더들이 개인적 목표와 봉사 지향적 목표들을 향해 진전할 때, 그들의 에너지와 열정이 증가한다. 우리는 평신도 리더들에게 활력을 불어넣은 힘이 교회의 사명과 사역에 기여할 것이라고 생각된다. 이러한 평신도 리더들 중 일부는 자신이 직접 제자양육 코치가 되고자 하여 인증받기를 희망할 것이다. 그때까지 그들은 자신의 사역 현장에서 제자양육을 실천할 수 있다.

교회의 헌신

성장이라는 목표를 두고 실질적이고 변혁적인 대화에 참여하는 교회 안의 많은 제자들을 보는 것이 당신에게 얼마나 가치 있는 일인가? 제자양육코칭은 바로 이런 것을 위한 것이다. 교회 안의 많은 제자들은 그리스도가 바라시는 제자가 될 수 있도록 그들을 격려하고 힘이 되어줄 관계들을 갈급해 한다. 대다수의 경우, 겨우 몇 시간의 성경 공부와 매주 가지는 예배만으로는 그들로부터 하나님 나라를 위한 최선의 기여를 이끌어내기에 충분하지 않다. 우리 가운데 많은 이들이 더 많은 것들을 갈망한다.

지금쯤 목사, 교회 직원, 그리고 평신도 지도자들은 제자양육코칭에 모두 관여가 되어 있을 것이다(혹은 최소한 그것을 지원할 것이다). 포도덩굴이 참여의 유익에 관해 효과적으로 전달해 주는 것 같다. 바른 방식으로 당신이 제자양육코칭에 관여하고 있다면, 아마 많은 사람들이 언제 제자양육코칭을 배울 기회가 생기느냐고 당신에게 질문할 것이다.

실천과 성찰을 위한 질문들

1. 당신의 삶에서 당신을 아끼고 당신이 번창하기를 원해서 당신이 재기하고 최선의 당신이 되도록 도전할 사람들이 누구인가?

2. 제자양육코칭 훈련의 모토 또는 표어는 "모든 준비된 제자를 코칭하는 것"이다. 당신의 교회에서는 누가 "준비된" 제자일까? 또 다른 차원의 믿음의 여정으로 나아갈 출발점에 서 있는 사람은 누구인가? 이 사람이 제자양육 코치가 될 준비가 되어 있나?

3. 당신의 교회 목사와 직원들을 생각해 보라. 그들은 제자를 양육하는 것에 어느 만큼 우선순위를 두고 있는가? 그들이 제자양육코칭 운동에 대해 탐구하도록 권면하려면 당신이 어떤 도움을 주어야 할까?

chapter

3

제자양육을 위한 코칭의 사용

"통제 불능이 되어 가고 있다!"

나(마크)는 평신도 지도자들, 목사, 그리고 직원들과 함께 그 교회에 새롭게 나타나고 있는 사역들에 대하여 컨설팅하고 있었다. 활기가 넘치는 이 교회는 다른 교회들이 갈망해온 그 무엇을 체험하고 있었다. 그것은 바로 교회 리더들이 나서지 않아도 평신도들 스스로 저마다 사역들을 행하고 있다는 것이었다. 그 교회 자체는 하나님의 영에 주목하는 것과 허용적인 태도를 격려하고 있었다. 성령의 속삭임(또는 외침)에 귀를 기울이고 따르도록 제자들을 권면했다. 그 결과 새로운 사역들이 눈 앞에 펼쳐지고 있었다. 예전의 조직적인 교회의 방식에 익숙했던 한 평신도 리더가 위와 같이 외쳤다. 잠깐의 침묵 후에 그 방의 반대편에 있던 어떤 리더가 강렬한 기쁨의 목소리로 "그래요, 통제 불능이 되어가고 있어요 - 그리고 하나님께 감사를!"이라고 말했을 때, 나의 마음은 노래를 불렀다.

대화가 계속되면서, 이 팀과 목사는 이것이 그들이 바라던 것이라는 결론을 내렸다. 그것은 바로 성령이 이끄시는 선교적 활동이었다.

이것이 또한 교회 안에서 이루어지는 제자양육코칭을 향한 우리의 바람이기도 하다. 제자양육 인증코치가 수업들을 가르치게 되면, 교회 안의 제자들이 자연스럽게(분명히 자발적으로) 다른 사람들을 코칭에 참여시킬 것이다. 이것이 교회 운동의 본질이다. 비공식적이고 자발적인 활동은 사람의 통제를 벗어난다 − "하나님께 감사를!"

이런 일이 일어나는 동안, 교회는 나름의 공식적이고 계획적인 제자양육코칭 사역을 지속할 수 있다. 앞에서 설명했듯이, 제자양육코칭 수업을 가르치는 것이 출발점이다. 인증코치들은 교회 안에서 해마다, 분기마다, 혹은 달마다, 얼마든지 많은 수업을 가르칠 수 있다. 필요한 인원이 준비될 때마다 또 다른 수업이 제공되고 완수될 수 있다. 이것이 제자양육코칭을 교회에 접목시키는 가장 효과적이면서 공식적인 방법이다. 그러나 이것이 제자양육코칭의 지혜와 유용성을 실행하는 유일하게 의도적이고 공식적인 방법은 아니다.

아래의 설명은 교회의 상황에서 제자양육코칭을 이용하는 예들을 보여준다. 독자들은 교회 생활에서 제자양육코칭이 얼마나 다양하게 사용될 수 있는지를 금방 깨닫게 될 것이다. 읽어가다 보면, 이것을 실행하기 위해서는 이 책에 기술된 것보다 더 구체적인 이해가 필요하다는 것을 깨닫게 될 수도 있다. 이 책이 다루고자 하는 범주와 한계로 인해, 여기에서는 포괄적인 설명을 제공할 수가 없다 (제자양육코칭 과정은 트레이너들이 알아야 할 구체적인 사항들을 포함한다). 이 장은 당신의 교회가 제자양육코칭을 사용하기 위한 방법을 고려할 때 필요한 방향과 영감을 제시해 줄 것이다.

제자양육코칭 사역의 형성과 직원 채용

당신의 교회에서는 제자 돌봄 체계가 어떤 식으로 구성되어 있는 가? (우리는 종종 "목회적 돌봄(pastoral care)" 또는 "교인 돌봄(member care)"이라는 것을 설명하기 위하여 "제자 돌봄(disciple care)"이라는 용어를 사용한다. 이는 교인등록 모델로부터 벗어나기 위한 것이다. 교회는 회중의 개별적인 돌봄의 필요성에 응답할 개인들과 그룹들을 지정한다. 스데반 사역자들(Stephen ministers, 스데반 미니스트리 훈련에 참여한 후 교회 안팎의 필요한 사람들을 돌보는 사역자들-역주)은 효과적인 제자 돌봄 사역을 보여주는 실례이다.

그렇지만 성장, 목표 달성, 그리고 행동을 더 지향하는 어떤 것이 필요한 사람들은 어떻게 할까? 그들은 상처를 받지 않았거나, "돌봄" 유형의 심방을 필요로 하지 않을 수도 있다. 대신, 이러한 제자들은 그들의 영적 여정에서 성장하고 앞으로 나아갈 준비가 되어 있다. 그들이 필요로 하는 것은 힘이 되어주는 돌봄이 아니라 그들의 제자 여정을 함께 할 수 있는 동반자이다. 이 때가 바로 훈련된 제자양육 코치들의 핵심 그룹이 매우 도움이 될 시점이다. 이렇게 준비된 제자들은 종종 목사들 및 교회 직원들과 대화를 시작하는데, 그러면 이들은 그 제자들을 적합한 제자양육 코치들과 즉시 연결시켜 줄 수 있다. 제자들은 교회의 제자양육코칭 사역과 그것이 어떻게 작동하는지에 대해 배운다. 비용은 들지 않는다. 이것은 단순히 교회의 한 사역이다. 당신이 속한 교회의 제자양육코칭 담당자(coordinator)가 제자들과 코치들을 연결해주는 중개자 역할을 할 수 있다.

코디네이터의 선정

아래에서 우리는 교회의 사명과 사역을 발전시키기 위해 제자양육코칭을 사용하는 다양한 방법에 대하여 설명할 것이다. 제자양육코칭의 효과적인 사용은 수많은 코칭 관계들과 활동들로 이어진다. 당신은 이 사역에 조화롭게 조정해 줄 사람이 필요할 것이다. 그 사람이 이 코칭의 많은 부분을 제공하지는 않을 것이므로, 우리는 의도적으로 "조화로운 조정(coordinate)"이라는 단어를 사용한다. 교회 안의 제자들이 서로를 코치한다. 일단 제자들이 숙련되면, 누구의 통제도 벗어난 운동이 시작된다. 그렇게 해서, 더욱 많은 코칭이 어떤 인간적인 동역이 없이도 필요에 따라 자발적으로 일어날 것이다. 동시에, 구체적인 제자양육코칭 사역들도 발달할 것이다. 그로 인한 유익함들을 극대화하기 위해서는 동역이 필요할 것이다.

지속적인 코칭 관계의 수립

제자양육코칭 수업이 이루어지는 동안 참가자들은 "동료(buddy)" 코치와 짝을 이룬다. 그들은 격주마다 만나서, 성장 목표들을 향해 전진할 수 있도록 제자양육코칭 모델을 사용하여 서로를 코치한다. 동료 코칭은 수업을 통해서 이루어진다. 코칭이 주는 혜택들을 가르치기보다는 체험으로 터득하는 것이다. 제자들이 제자양육코칭의 능력을 체험하면서 서로 관계를 맺는다. 코칭을 배우는 것은 교육과 개념적 사고를 포함한다. 제자양육코칭은 실제로 해보면서 더 많이 배우게 된다. 이렇게 짝을 지어 연습하는 코칭 관계들은 제자양육코칭의 실습을 위한 안전한 학습 환경을 제공한다.

수업이 끝나면, 이렇게 서로 코칭하던 동료 관계들이 자연스럽게 지속된다. 종종 수업이 끝나갈 때쯤, 제자들이 "수업이 끝나면 서로를 코칭하는 것도 중단해야 하나요?"라는 질문을 할 것이다. 물론 그렇지 않다—그리고 우리는 그러지 않기를 바란다. 이제 그들은 서로를 잘 알고, 서로 많은 것들을 공유했고, 그리고 코칭을 지속하고 싶어 한다. "제자양육코칭 모델을 배우기 위해" 시작된 이들 짝들 가운데 대다수가 이렇게 자리잡힌 코칭 관계를 계속 유지한다. 결국 더이상 정기적인 만남을 가질 수는 없게 되겠지만, 열린 코칭 관계를 계속 유지할 수 있다. 코칭이 필요할 때마다 그들은 만남을 가진다. 준비된 제자를 모두 코칭하는 문화가 발전하면, 이후에 준비된 제자가 나타났을 때를 대비하여 제자양육 코치가 미리 준비하는 분위기가 조성된다.

새로운 제자들을 교회 생활과 사역에 통합하기

이 책의 서두에서 우리는 선교적 사역(missional ministry)에의 직접적인 참여를 원하는 교회 사람들의 갈망에 대해 말하였다. 하나님의 세상에 대한 사랑의 표현으로 그저 멀리 있는 선교지에 돈을 보내는 것으로 만족할 사람은 별로 없다. 많은 사람들이 직접 가거나 지역 사회들을 섬기고 싶어 한다. 포스트모던한 제자들은 비생산적인 회의석상에 앉아 있기를 그다지 좋아하지 않지만, 그들은 하나님 나라에 공헌하는 생산적인 봉사에 참여할 준비가 되어 있다.

새롭게 떠오르는 이러한 역동성 때문에, 우리는 새신자들을 교회 생활에 참여시키는 방법에 대한 질문을 많이 받는다. 이런 활동을 예전에는 "동화(assimilation)"라고 했는데, 이 말은 이미 구시대적인 조직화와 관련된 언어라서 시대에 맞지 않는다. 이제는 통합(integration)이라는 말을 사용한다. 새신자들을 선교적 봉사, 교회의 공동체 생활 및 그 외의 여러 가지 측면에 통합하려면 어떻게 해야 할까?

주도적인 교회들은 새가족반이나 초신자반(inquirer classes)을 시행한다. 전통적인 수업들은 교회에 관한 배움을 목적으로, 주일 아침 예배 전에 행해진다. 어떤 교회는 그 과정의 일환으로 영적 은사의 목록을 만들어서 제자들이 자신의 은사를 발견하여 그에 맞는 봉사에 참여할 수 있게 이끌어주기도 한다.

제자양육코칭이 새 사람들을 이 교회에 통합시키는 하나의 요소가 되었을 때, 이들이 느끼게 될 깊이와 관계, 그리고 성장의 기회들을 상상할 수 있겠는가? 제자양육코칭은 이런 새 제자의 소명, 은사, 열정, 그리고 삶의 여정에 힘을 쏟는다. 핵심적인 질문은 "당신의 개인적인 삶의 여정과 현재의 상황에서 당신을 향한 하나님의 부르심은 무엇인가?"이다. 물론 제자양육코칭은 특정한 답을 찾기 위한 것이 아니다. 새신자로 하여금 교회 조직의 빈 자리를 채우게 하는 것은 그 목표가 아니다. 목표는 그 제자가 보다 완전하게 자신의 소명대로 살 수 있도록 도와주는 것이다. 종종, 아마도 일반적으로, 이런 소명의 표현은 교회를 통한 봉사로 나타날 것이다. 동시에, 그의 소명은 그의 삶 전체를 요구한다.

참으로 제자를 양육하는 교회가 되었을 때, 새 신자들은 교회에 통합되기 위한 과정의 일환으로 제자양육코칭반에 참여할 수 있다.

사명의 성취를 위해 사역의 팀들, 특별 전문위원들과 위원회를 코칭하기

교회의 일원이 되는 것은 기본적으로 공동체적인 경험이다. 성경은 몸의 비유를 통하여, 제자들이 교회 안에서 서로 연결되어 있음을 설명한다. 그래서 교회의 많은 활동들이 팀을 바탕으로 이루어진다. 목사, 교회 직원, 평신도에 상관없이, 교회에 연루된 사람들은 아마도 여러 팀들을 통해서, 그리고 여러 팀들과 함께 섬기게 된다 – 팀의 이름은 다양할 수 있다 (위원회, 사역팀, 남선교회, 여선교회, 청소년 그룹, 또는 어린이 사역 등).

팀과 함께, 팀을 통해서 일하는 것이 교회 생활의 근간이기 때문에, 당신은 팀워크와 관련하여 제자양육코칭을 사용할 수 있다는 것을 알게 될 것이다. 팀들은 비효율적인 상태에서 효율적인 상태로 나아가는 연속적인 과정을 따라 기능한다. 제자양육코칭은 각 팀들이 목적을 찾고, 견인력을 얻어서 그들의 사명을 완수하는 데 도움이 된다.

아래는 팀의 기능에 필요한 일반적인 과제들이다. 제자양육코칭 모델로 훈련받은 제자들은 그 팀의 리더이든 아니든 상관없이, 효과적인 팀으로 이끌기 위해 제자양육코칭의 질문들을 사용할 수 있다. 다음은 팀들이 직면하는 몇 가지 도전들과 각 도전을 해결하는 데 도움이 되는 제자양육코칭 활동들이다.

결과를 염두해 두고 회의를 시작하라

- 질문: "우리는 이 회의를 통해 무엇을 이루고 싶어 하는가?"
- 질문: "우리는 다음 45분 동안의 회의 결과로 무엇을 얻고자 하는가?"
- 질문: "이 회의를 빨리돌리기해서 회의의 끝에 다다랐다고 해보자.
  그때 이 테이블에 앉아 있는 모든 사람들이 회의가 효과적이었다고
  말한다면, 왜 그런 것일까? 우리가 어떻게 했기에 모두 그런 생각이

든 것일까?"

팀을 위하여 실현 가능한 목표들을 세우라

• 탐구: SMART 목표들을 소개하라. "이 팀의 목표가 SMART인가?"

문제를 해결하는 토론을 이끌어라

• 탐구: "탐구"의 도구 중에 아무 것이든 사용하라. "우리가 멈추어 마음 저편
에서 들리는 작은 소리에 귀를 기울인다면, 이 딜레마에 대해
무엇을 듣게 되는가?"

진보를 측정하라

• 탐구: 다시 한번 SMART 목표들에 초점을 맞추라.
• 질문: "회의를 시작할 때 우리가 이 회의의 목표로 정한 것이 무엇이었는지를
기억하라. 우리는 그 목표를 향해 잘 나아가고 있는가?"
• 탐구: 0부터 10까지의 척도로 나타낸다면, 지난 회의에서 우리가 팀으로서
임무를 수행함에 있어 어느 수준에 왔는가? 지금은 어느 수준에 있는가?

행동을 진전시키라

• 설계: "다음 단계는 무엇인가?"
• 헌신: "이 행동에 헌신하기 위해 우리는 얼마나 준비되어 있는가?
• 헌신: "지금부터 다음 모임 전까지 이 행동을 성취하는 것에 얼마나 큰 우선
순위를 부여하는가?"
• 지원: "이것을 실제로 행하기 위해서 하나님과 다른 사람들로부터 우리가
필요로 하는 것은 무엇인가?"

비전을 갖게 하라

- 탐구: "만일 우리가 정말로 이것을 내려 놓고 성령님이 행하시게 한다면, 어떤 일이 일어날까?"
- 탐구: "하나님의 관점으로 이것을 바라본다고 상상한다면, 우리는 무엇을 보게 될까?"
- 경청: "마음 깊은 곳에서 우리는 이 프로젝트와 관련하여 무엇을 희망하고 있는가?"

문제를 해결하라

- 탐구: "탐구" 단계에서의 도구들을 무엇이든 사용하라.
- 탐구: "이 프로젝트의 진행에 방해가 되는 요소들이 사라졌다고 가정한다면, 우리는 무엇을 할 것인가? 그것이 우리에게 무엇을 말해주는가?"

임무에 충실하라

- 질문: "우리는 이 회의를 시작할 때 말했던 것을 이루고 있는가?"
- 질문: "우리가 이 회의를 위한 목표를 이룰 가능성이 얼마나 되는가?"

팀과 제자양육코칭을 사용하는 것을 가시적으로 그려보는 또 다른 방법은 제자양육코칭의 각 단계를 고려하고, 팀들, 그룹들, 혹은 위원회들을 위한 잠재적인 질문들을 생각해보는 것이다. 제자양육코칭의 인증 과정에서 우리는 이 활동에 상당히 주의를 기울인다.

제자양육코칭 그룹 제공하기

일부 제자양육 코치들은 제자양육코칭 그룹을 조직하여 활성화할 수 있다. 누구든 예상할 수 있듯이, 그룹을 코칭하는 것은 개인을 코칭하거나 혹은 한 팀이 하는 과정의 일환으로 제자양육코칭을 하는 것보다 훨씬 더 복잡하다. 상당히 발달된 제자양육코칭 기술을 필요로 하는 코칭 그룹에서는 여러 역동성과 과정들이 발생한다. 우리가 조언하는 바는 제자양육코칭을 그룹으로 시작하지 말고 개인들과 팀들과 함께 일하는 것에 익숙해진 다음에 그룹으로 넘어가라는 것이다.

코치가 준비되었을 때, 제자양육코칭 그룹을 제공하는 것이 힘이 되고 기운을 북돋아주는 경험이 될 것이다. 또한 그것이 교회 안에 제자양육코칭 운동을 촉진하는 훌륭한 방법이기도 하다. 특정한 정신 건강과 중독 문제들과 관련된 연구가 밝혀낸 바에 의하면, 통용되는 치료법들 중에서 그룹 상담이 가장 효과적이다. 물론 제자양육코칭의 목적은 그것들과 상당히 차이가 있으나, 그룹의 힘은 놀랍다. 나(마크)는 사역의 여정에서 수많은 종류의 그룹들을 조성해 왔고, 그들이 끼친 영향력을 늘 떠올린다. 이제 우리는 제자들이 그룹으로 모여서 제자양육코칭 접근법을 사용하여 성장할 때 그들의 삶 속에 일어날 잠재적인 유익을 기대하며 무척 설레인다.

설교와 가르침의 강화

설교는 대개 설교자로부터 회중에게 전달되는 일방적인 소통이다. 그렇다면, 어떻게 제자양육코칭 대화가 설교와 연관될 수 있을까? 이것은 날카로운 질문이다. 설교에는 코칭의 원리들이 그 설교의 메시지에 담긴 행동을 촉진하거나 통합할 수 있다는 측면이 존재한다. 설교자들은 다음의 제안들을 살펴보고, 이것들이 잘 맞는지 시험해 볼 수 있을 것이다.

코칭의 관점을 기르라

제자양육코칭은 특정한 기술을 가진 도구이다. 또 한편으로, 제자양육코칭은 하나의 관점이거나 사고방식, 즉 삶에 대한 자세이다. 제자양육코칭이 갖는 관점의 주된 측면은 바로 호기심이다. 삶, 하나님, 사람들, 그리고 성경에 대한 호기심은 통찰과 의미가 충만한 변혁적인 설교를 이끌어낸다. 제자양육코칭의 사고 방식과 관점을 기르는 설교자들은 다음과 같은 물음들을 탐구하면서 그들의 설교에 깊이와 넓이를 더할 것이다.

- 삶은 무엇에 관한 것인가?
- 이 세상에서 하나님은 무엇을 하고자 하시는가?
- 사람들은 어떻게 연합되는가?
- 무엇이 사람들을 그들의 길로 가게 하는가?
- 하나님은 사람들과, 그리고 우리의 삶에서 어떻게 상호작용을 하시나?
- 예수님의 길을 따른다는 것은 어떤 것인가?
- 제자로서 산다는 것은 무엇을 의미하는가?
- 그룹 안에서 제자들은 어떻게 서로 관계를 맺는가?
- 예수님을 따르는 자들의 공동체는 무엇이 다른가?

질문을 사용하라

복음을 선포하는 사람들은 오랫동안, 청중들이 핵심 주제나 요점에 주의를 기울이도록 강력한 질문들을 사용해 왔다. 제자양육코칭은 설교에서 자주 언급되는 교회 생활의 어떤 측면들과 특별히 관련된 질문들을 제시한다. 내(마크)가 코치했던 어느 목사는 그의 교회 교인들이 사역의 다음 단계를 위한 하나님의 부르심을 분별할 수 있도록 도움을 주고 싶어 했다. 그들이 분별의 시간으로 돌입하여 함께 하는 삶과 공동체에서의 사역에 관해 중점적으로 생각해 보았다. 이 목사는 회중의 상상력을 자극하기 위해서 기적 질문(miracle question)을 살짝 변형하여 제시했다. "올해 하나님이 우리에게 이 교회를 향한 하나님의 소망을 성취하는 데 필요한 모든 자원을 공급하셨다고 생각해 보십시오. 우리는 무엇을 해야 할까요?" 이 책에 있는 제자양육코칭 질문들을 자세히 살펴보라. 설교와 가르침에 관련된 수많은 질문들을 찾을 수 있을 것이다.

반응을 요구하라

설교와 복음 선포의 목적은 무엇일까? 복음서의 저자들은 목적이 담긴 단어들을 사용했다. 다음 요한복음의 구절을 예로 들어보자. "예수께서 제자들 앞에서 이 책에 기록되지 아니한 다른 표적도 많이 행하셨으나 오직 이것을 기록함은 너희로 예수께서 하나님의 아들 그리스도이심을 믿게 하려 함이요 또 너희로 믿고 그 이름을 힘입어 생명을 얻게 하려 함이니라"(요 20:30-31). 예수님의 행동들을 기록함으로써, 복음서의 저자는 예수님이 메시야이고 구원자라는 것을 믿도록 독자를 설득하고자 했다. 우리 시대의 설교들도 비슷한 목적을 가지며, 그것은 곧 설득하는 것이다. 어떤 교회는 예배가 끝날 때 예배자들에게 강단으로 나오게 함으로써 하나님의 역사에 반응하도록 요구한다. "행동을 촉진"하는 한 가지 방법은 예배자들에게 다음 주에 가시적인 방법으로 하나님의 강권하심에 반응하도록 요청하는 것이다. "우리는 여러분이 가시적인 방식으로 이 메세지에 반응하기를 요청합니다. 이번 주에 여러분의 생각을 글로 적어서 교회 사무실이나 목사에게 이메일해 주시면 좋겠습니다. 우리는 이것이 오늘날 우리를 향한 하나님의 말씀을 여러분이 보다 완전하게 통합하도록 도우리라 믿습니다."

제자양육코칭 질문으로 예배를 시작하고 마쳐라

예배가 시작될 때, 이렇게 질문하라. "여러분은 오늘 여기에서 무엇을 얻고자 하십니까?" (예배자들에게 이 질문에 대해 생각해 보라고 한 후에, 조용히 묵상의 시간을 준다.) 예배를 끝낼 때, 이렇게 질문하라. "당신은 오늘 이 예배를 통해 무엇을 가져가십니까?" (조용히 묵상) 예배는 우리에 관한 것이 아니다. 예배는 하나님에 관한 것이다. 그래서, 다음 주 예배는 이런 질문으로 시작하라. "여러분들은 오늘 여기에서 하나님께 무엇을 드리고자 합니까?" (조용히 묵상) 예배를 마칠 때에는, 이렇게 질문하라. "여러분들은 오늘 예배를 통해 하나님께 무엇을 드리셨습니까?" (조용히 묵상) 예배를 둘러싼 이런 종류의 코칭 활동들은 우리 삶의 경험도 통합하면서 예배의 적극적인 참여자가 될 기회를 높여준다.

리더십 개발로서의 제자양육코칭

제자양육코칭의 목표는 예수 그리스도의 제자로서 성장하고, 변화하고, 또 성숙하는 것이다. 제자양육코칭의 목적은 우리가 리더십의 자리에서 효과적인 기능을 하거나 또는 리더를 키우는 것이 아니다. 우리는 피나클리더십협회(Pinnacle Leadership Associates)에서 리더십의 성장과 효율성에 초점을 둔 리더십 코칭을 한다. 그러나 이것은 제자양육코칭의 목적이 아니다.

마찬가지로, 리더들은 제자양육코칭 경험을 통해 얻어진 결과로 견고해지고 발전할지도 모른다. 그러나 리더십 개발은 목적이라기보다는 부차적인 결과에 더 가깝다.

차이점을 명확히 하기 위해, 성과 코칭(performance coaching)과 제자양육코칭의 차이를 생각해보라. 성과코칭은 감독하는 자리에 있는 사람들에게 유용하다. 제자양육코칭은 동료 관계에서 더 유용하다. 아래의 표에서 그 차이점들을 살펴보자.

성과코칭 (Performance Coaching)	제자양육코칭 (DDC)
어떤 권한을 가진 감독자의 역할이다.	권한에 바탕을 두는 관계가 아니다.
결과물에 직접적인 지분을 갖는다.	결과물에 별다른 지분이 없다.
향상된 직업적 성과에 목표를 둔다.	소명을 이루는 삶에 목표를 둔다.

성과 코칭은 기독교 사역에서도 행해진다. 다른 사람들을 감독하는 목사들과 교회 직원들은 각 분야의 사역에서 피감독자들의 진보와 효과를 지원하기 위해 성과 코칭을 사용할 수 있다. 평신도 리더들의 훌륭한 역할 수행을 위해 도움이 필요할 때는, 목사가 그 사람을 성과 코칭에 관여시키기도 한다. 이러한 예들에서 보면, 코칭을 하는 사람이 주도권을 갖는다. 그는 피감독자나 평신도 리더의 업무 수행이 올바르게 이루어지기를 바란다. 코칭을 하는 사람은 피감독자나 평신도 리더가 궤도를 벗어날 경우 개입할 책임과 함께 업무 성과에 대한 기대를 가진다. 목사나 직원 감독자는 피감독자들과 평신도 리더들을 코칭함에 있어서 제자양육코칭의 대화와 도구들을 사용할 수 있다. 동시에, 목사 또는 감독자는 어떤 특정한 사안을 다루기 위해 성과 코칭을 행해야 할 때를 깨닫고 인정해야 한다. 어떤 종류의 코칭이 필요한지 의문이 생길 때는 위의 표에서 비교한 항목들을 중심으로 지침을 얻으면 될 것이다.

실천과 성찰을 위한 질문들

1. 교회에서든 그 밖의 다른 곳에서든 당신이 참가하는 팀에 대해 생각 해보자. 그 팀들의 기능이 얼마나 잘 이루어지고 있는가? 이 팀들의 초점을 예리하게 하거나 그들의 진보를 이루고자 할 때, 당신은 제자 양육코칭 도구들 중에서 어떤 것을 사용하겠는가?

2. 이 책의 저자들은 교회가 제자양육코칭을 위한 협력자를 확보하기를 권장한다. 당신은 자신이 이러한 역할을 하기에 적합하다고 생각하 는가? 당신은 코칭을 필요로 하는 사람과 그 필요를 충족시킬 수 있 는 제자양육 코치를 연결시켜 주는 일에 관심이 있는가?

3. 당신의 교회는 제자양육코칭과 같은 일을 하기 위해 얼마나 준비되 어 있는가? 당신은 어떤 식으로 코칭 접근법을 제자양육에 도입할 것인가?

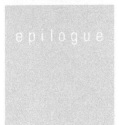

epilogue

에필로그

"만약 당신이 배를 만들기를 원한다면, 나무를 사고, 도구를 준비하고, 일을 분배하고, 작업을 계획하기 위해 사람들을 모으지 마라. 대신, 사람들에게 저 넓은 망망대해를 향한 동경심을 가르쳐라."

– 생텍쥐페리[7]

준비된 모든 교회에서 준비된 모든 제자가 코칭을 받는다면, 무슨 일이 일어날지 상상할 수 있는가?

• 제자가 믿음에 있어서 자라고자 하는 영적 배고픔과 갈망을 표현할 때, 교회는 그가 앞으로 나갈 수 있도록 도와줄 구체적인 방법을 가지고 있다.

---

7 Alan Hirsh, The forgotten Ways: Reactivating the Missional Church (Brazos Press, 2009), 27에 재인용.

- 새로운 사람들이 믿음의 공동체 안으로 들어올 때, 교회는 그들이 주위와 잘 어울리며 봉사할 수 있는 적합한 자리를 찾을 수 있도록 도와줄 구체적인 방법을 가지고 있다.
- 어떤 제자가 자신의 행복을 깨뜨리고 온전한 삶을 방해하는 해결되지 않은 고민에 대해 말할 때, 교회는 그 고민을 다루어 조치를 취하도록 제자를 도와줄 구체적인 방법을 가지고 있다.
- 제자에게 견디기 힘든 도전거리가 닥쳤을 때, 교회는 영적인 과정을 통해 그를 지원하고 책임지기 위한 구체적인 방법을 가지고 있다.

준비된 모든 제자가 제자양육코칭을 받을 수 있을 때, 그 교회는 완전히 새로운 수준에서 그리스도인들을 양성할 수 있게 된다.

왜 우리는 제자양육코칭과 그것이 가진 잠재적 효과에 대해 이렇게 열광하는 것일까? 성직자, 교회 직원 및 평신도들에게 기초 과정과 실습을 가르치는 경험을 통해 우리는 영성에 필요한 것들을 충족시키는 데 있어서의 제자양육코칭의 유용성을 확인했다. 그들이 각자의 환경에서 제자들을 코치한 결과로 나온 열정과 흥분은 고무적인 것이었다. 그런데 이들은 왜 그렇게 제자양육코칭과 잘 맞는 것일까? 세 가지 물줄기가 제자양육코칭 주변으로 함께 흘러 강력한 흐름을 창조하는 것으로 보인다.

교회의 임무와 소명

첫째로, 교회는 제자를 만들기 위해 부름을 받았다. 세상의 다른 기관들은 세상의 진보에 기여하는 좋은 활동들을 한다. 그러나 교회는 예수 그리스도의 제자를 만드는 것을 주요 목적으로 하는 바로 그 기관이다. 교회의 목적이 그 외의 다른 것이 될 때, 교회는 주로 열정, 힘, 참여의 퇴보를 경험한다.

에베소서 4:12-13은 그리스도인 제자들과의 관계에 있어서 교회의 역할과 그 은사들에 대해 이렇게 말한다. "이는 성도를 온전하게 하며, 봉사의 일을 하게 하며, 그리스도의 몸을 세우려 하심이라. 우리가 다 하나님의 아들을 믿는 것과 아는 일에 하나가 되어 온전한 사람을 이루어 그리스도의 장성한 분량이 충만한 데까지 이르리니." 크리스천 제자들이 그리스도의 장성한 분량까지 자라도록 돕는 것, 그것이 하나님의 교회의 주된 소명이다.

이전의 기독교 영성 방법들이 도움이 되어왔지만, 그것들은 포스트모던한 제자들에게 필요한 영성을 채우기에는 충분하지 않다. 제자양육코칭은 우리가 하나님의 교회로서 부름받은 일을 할 수 있게 도와준다. 완벽한 방법도 아니고, 제자를 양육하는 유일한 과정도 아니다. 그러나 제자양육코칭은 우리 모두가 부름받은 곳을 향해 가는 그리스도인의 여정에서 전진하게 하는 강력한 도구이다. 제자양육코칭은, 그 여정의 어느 단계에 있는 제자들이든지 간에 서로를 연결시켜 줄 수 있는 능력이 있다.

교회의 사명에 대한 상황적 도전들

교회는 전례가 없는 변화와 도전들을 직면하고 있다. 이전의 교회 모델들, 구조들, 관습들, 그리고 문화들은 오늘날 제대로 기능을 하지 못한다. 교단에 속하거나 그렇지 않거나, 모든 곳에서 교회 출석이 줄어들고 있다는 것이 그 점을 시사한다(비록 숫자가 모든 것을 말하는 것은 아닐지라도). 교회 조직은 영적으로 굶주려 있는 세상과 그리스도의 복음을 연결하는 일에서 설 땅을 잃어가고 있다.

우리가 살아가는 상황을 고려해보면, 지금은 교회 생활에서 적응을 위한 변화가 일어나야 하는 시기이다. 제자양육코칭이 절대적인 답은 아니다. 그러나 이것은 해답들을 찾기 위한 관계적인 과정이다. 이것은 성장과 변화와 발견에 집중한다. 이것들은 교회가 현 상황에서 문제들을 해결하기 위해 필요한 활동들이다.

대안적 기독인 양성에 대한 개방성

나(마크)는 주중 모임을 위해 교회 건물에 투자하기 보다는 매주 가정에서 소그룹 모임을 가지는 것을 시작하는 것과 관련하여 어떤 교회를 컨설팅하고 있었다. 왜 교회의 리더들이 이러한 시도가 가져오는 변화의 소용돌이에 관심을 가지고 그것을 추진하려고 애를 쓰는 것일까? 그들은 자신들이 속한 문화에 맞추어 접근 방법을 바꾸어 나가기를 원한다. 지금까지 사용해온 방법이 40년간 효과가 있었지만, 지금 이 교회에 찾아오는 새로운 제자들은 주중의 교회 모임에 익숙한 기존 교인들과는 달랐다. 이 교회는 문화적으로 민감한 새로운 자기 표현 방식들에 대하여 열려 있다. 제자양육코칭은 적응적 변화(adaptive change)를 수용하는 교회 문화를 양성하도록 도와준다.

우리가 제자양육코칭에서 더 많은 개방성을 발견하게 될 또 다른 측면이 있다. 제자양육코칭은 성직자나 교회 직원들의 사역으로 간주하여 만들어진 것이 아니다. 목회자나 교회 직원도 관여하여 지원을 하고 그 중에 일부는 제자양육 인증코치가 되기도 하지만, 제자양육코칭의 목적은 교회 안의 준비된 모든 제자들을 코치하는 것이다. 어느 목회자나 교회 직원도 이 목표를 달성할 수 없다. 우리 교회에서의 변혁적인 사역들을 다 목회자나 교회 직원이 제공해야 한다는 구시대적인 믿음을 고수한다면, 우리는 성령의 운동을 제한하게 될 것이다. 타인을 코치할 수 있도록 교회의 많은 사람들을 준비시킬 때, 비로소 우리는 한 사람에게 의존되지 않는 운동을 시작하게 된다. 성직자, 교회 직원, 평신도를 포함하는 교회 전체가 그 어느 때보다 더 이러한 접근법에 대해 열려 있는 것 같다. 우리가 코치 훈련을 시키고 있는 평신도들은 자신의 역할로 섬기는 것에 대한 열정을 가지고 있다. 지금도 그들은 지역 교회에서 제자양육코칭 수업들을 가르치고 있다.

▲

제자양육코칭이 그리스도의 제자들과 교회가 직면하고 있는 현대의 딜레마에 대한 절대적인 답은 아니다. 제자양육코칭은 꿈을 꾸고, 비전을 보고, 그리스도의 제자로서의 여정에서 새로운 길을 발견하고자 하는 것이다. 우리는 성령의 바람이 부는 곳으로 얼굴을 돌리는 제자들이야말로 하나님의 나라가 나타날 때 볼 수 있는 눈과 들을 수 있는 귀를 가진 자들이라고 믿는다. 제자양육코칭은 이러한 거룩한 바람 속에 우리를 세우기 위한 마음의 자세이고 관점이자 유용한 도구이다. 그리스도를 따르는 부활하신 주께로 삶의 초점을 맞추어 나가는 당신의 여정을 축복한다.

제자양육코칭

| 21세기 선교적 교회를 위한 제자들의 공동체 세우기 |

지은이 | 마크 티즈워스, 어셀 해리슨
옮긴이 | 박사무엘

초판 1쇄 발행 | 2016.8.1.

편 집 | 장동훈 dhpal@hotmail.com
디자인 | 조선구 coolcho@naver.com

CPSIA information can be obtained
at www.ICGtesting.com
Printed in the USA
BVHW092211130222
628954BV00012B/659